Frederik Hetmann
Großes Geld

Frederik Hetmann
Großes Geld

Jakob Fugger und seine Zeit

Arena

CIP-Kurztitelaufnahme der Deutschen Bibliothek

Hetmann, Frederik:
Großes Geld : Jakob Fugger u. seine Zeit / Frederik Hetmann.
1. Aufl. – Würzburg : Arena, 1986.
ISBN 3-401-04214-9
Vw: Kirsch, Hans-Christian [Wirkl. Name] Hetmann, Frederik

1. Auflage 1986
© 1986 by Arena-Verlag Georg Popp, Würzburg
Alle Rechte vorbehalten
Schutzumschlag unter Verwendung einer historischen Abbildung (Bildarchiv Preußischer Kulturbesitz)
von Karl Müller-Bussdorf
Lektorat: Rainer Brand
Gesamtherstellung: Tagblatt-Druckerei KG, Haßfurt
ISBN 3-401-04214-9

Inhalt

Ein neuer Kaiser

Schmerzen an Leib und Seele

Schlußstrophe

»Die Wahl Karls von Spanien zum Römischen König ist ohne Frage dasjenige Ereignis des Zeitalters, welches die damalige Macht des Geldes am deutlichsten zum Ausdruck gebracht hat, es ist ein Ereignis, das allein schon hinreicht, um die Bezeichnung ›Zeitalter der Fugger‹ zu rechtfertigen.«

Richard Ehrenberg

»Wer den Salamanca finge
und Jakob Fugger hinge,
zerbräch der großen Hansen List.
So würde Ferdinand größer denn er ist.«

Inschrift an den Mauern der
Nürnberger Burg 1522

Vorstrophe

Irgendwann überfällt sie einen jeden von uns einmal: diese Lust, reich zu werden, Geld zu haben, viel Geld, noch mehr Geld, unermeßlich viel Geld. Irgendwann träumt jeder von uns einmal diesen Traum, und es ist zugleich auch der Traum vom großen Glück. Denn als selbstverständlich gilt, daß, wer reich ist, auch glücklich sein müsse.

Ich habe mich oft gefragt: Wie wird eigentlich einer reich, wie wird jemand sehr reich?

Die angeblich so glücklichen Reichen werden uns meist erst dann vorgestellt, wenn sie bereits reich sind. Aber wie wurden sie es? Das muß ein Abenteuer sein. Gibt es einen Preis, den sie zahlen für ihren Reichtum? Und worin besteht er?

Solche Fragen habe ich lange mit mir herumgetragen, bis ich auf eine Geschichte stieß, die sie beantwortet, oder genauer: aus der sich wenigstens ein paar Antworten auf solche Fragen entnehmen lassen.

In der Geschichte von Jakob Fugger dem Jüngeren, häufiger jedoch »der Reiche« genannt, läßt sich miterleben, wie jemand reich wird.

Vom Klosterschüler zum Millionär: So könnte man dieses Leben überschreiben. Bei dieser Geschichte stellt sich heraus, daß Reichtum keineswegs auf Hexerei beruht, sondern auf an Besessenheit grenzendem Arbeitseifer, Einfallsreichtum, Organisationstalent, Menschenkenntnis, auch auf einer gehörigen Portion Glück und nicht zuletzt auf Skrupellosigkeit und Menschenverachtung.

Es ist dies keine moralische Geschichte.

Eher das Gegenteil ist der Fall. Deswegen möchte ich ihr diese Bemerkung voranstellen:

Indem ich sie fragend nacherzähle, geht es mir weder darum, die Tüchtigkeit eines Reichen und Mächtigen lobhudlerisch zu verherrlichen, noch ist es meine Absicht, dessen Geschäftssinn zu verteufeln.

Es ist mir einzig und allein darum zu tun, möglichst genau und anschaulich zu zeigen, wie jemand reich wird, unter welchen Umständen, mit welchen Mitteln; welches Risiko er eingeht, welche Ängste er hat, welche Macht ihm zufällt, welche Genugtuung ihm aus seinem Reichtum erwächst.

Es geht mir auch darum, hin und wieder zu fragen, ob er glücklich ist: als junger Mann, auf dem Höhepunkt seiner Karriere, auf dem Sterbebett?

Die Geschichte der Fugger ist – ich weiß es – häufig zuvor erzählt worden. Das hat mich nicht abschrecken können, sie aufzugreifen. Es gibt Geschichten, die enthalten so viele Facetten, so viele Möglichkeiten, Einsichten über den Menschen zu gewinnen, daß sie wohl jede Generation wiederbetrachten und wiedererzählen muß.

Die Geschichte, die ich erzählen werde, hat sich zugetragen vor etwa fünfhundert Jahren. Eine alte Geschichte!

Tatsächlich ist es mir vorgekommen, als ich ihr nachspürte, die Quellen las, am Schauplatz der Ereignisse mich umsah, als hätten die Menschen damals grundsätzlich anders gedacht und empfunden als wir heute. Auch diesen Eindruck gilt es nicht beiseite zu schieben. Auch er kann von Wichtigkeit sein, wenn wir uns als Wesen begreifen wollen, denen eine lange Geschichte der Menschheit vorausgeht. Eine alte Geschichte? Die Fragen, wie ich sie stellen will, sind Fragen, die sich viele stellen, die heute jung sind. Es sind Fragen, die sich Menschen stellen, solange es Menschen gibt.

Eine Kindheit

Ein Vater stirbt

Im Jahr 1469 stirbt zu Augsburg in dem schönen Haus am Rohr auf dem Rindermarkt Jakob Fugger der Alte. Er ist 57 Jahre alt geworden. Er hat Webwaren hergestellt und mit Tuch gehandelt. Er ist ein vorsichtiger, aber kein ängstlicher Geschäftsmann gewesen. In den Steuerlisten der Stadt Augsburg hat er auf dem zwölften, die Witwe seines Bruders auf dem dreiundzwanzigsten Platz gestanden. Zusammengenommen hätte das Familienvermögen beider Zweige der Fugger 10 390 Gulden betragen. Das ist nicht allzuviel Kapital, wenn man bedenkt, daß etwa zur gleichen Zeit die Habe einer bedeutenden Kaufmannsfamilie in Florenz, der Medici, auf etwa 270 000 Gulden geschätzt wird. Die Umrechnung von Gulden in heutige Währung ist eine schwierige und fragwürdige Angelegenheit.

Die Umrechnung erfolgt am besten in der Weise, daß man sich fragt, was heute ein Karat bzw. ein Gramm Gold oder Silber kostet.

Der Gold- bzw. Silbergehalt eines Gulden schwankte in der Zeit zwischen Mittelalter und Neuzeit. 1420 betrug der Feingehalt 19 Karat. 1504 war der Wert des rheinischen Gulden gleich 26,2 Gramm Silber, 1559 27,1 Gramm.

Allerdings ist eine solche Umrechnungsmethode tatsächlich nur eine Vorstellungshilfe. Eigentlich müßte man wissen, was man 1400 bzw. 1500 und später für einen Gulden an alltäglichen Waren kaufen konnte.

Jakob Fugger der Alte ist ein stiller Mann mit einer kantigen Stirn und einem zähen Willen zum Aufstieg gewesen. Dabei doch mehr Handwerker als Großkaufmann. Er hat sich – das kann man mit Fug und Recht sagen – zu Tode geschuftet. Eines Tages ist er auf der Bank vor einem Webstuhl ohnmächtig zusammengesunken. Zuvor hat er schon ein paarmal solche Schwächeanfälle gehabt. Er hat sich dann jeweils eine Weile an einen Baum, an eine Wand einer

Tuchhalle oder an den Schrank in seinem Kontor gelehnt. Nie hat er viel Aufhebens davon gemacht. Er hat gewartet, bis dieses würgend-zerrende Gefühl in seinem Körper vorbei war. Dann hat er seine Arbeit wieder aufgenommen, als sei nichts gewesen. Aber diesmal hat sich dieser Schmerz in seiner Brust nicht wieder verloren.

Er ist schlimmer und schlimmer geworden. So schlimm, bis auch seine Willenskraft nichts mehr dagegen vermochte.

Jakob Fugger der Alte hat, wie man so sagt, sein Haus gut bestellt. Die Leitung der Firma wird vorerst seine Ehefrau Barbara übernehmen. Sie ist die Tochter eines Goldschmiedes und Münzmeisters. Sie hat im Haushalt ihres Vaters, aber auch an der Seite ihres Mannes im Laufe ihres Lebens genug von Handelsgeschäften erfahren, um als Frau bei dieser Aufgabe ihren Mann zu stehen.

Jakob Fugger der Alte hinterläßt zehn Kinder.

Bei den drei Mädchen, der 1444 geborenen Anna, der um ein Jahr jüngeren Barbara und bei Walpurga wird die Mutter es einzurichten wissen, daß sie in die reichsten Familien Augsburgs einheiraten.

Ehen werden zu dieser Zeit vor allem unter dem Gesichtspunkt der Zweckmäßigkeit geschlossen. Von Liebe ist da wenig die Rede. Wenn die Partner mit der Zeit Zuneigung für einander entwickeln: desto besser. Vor allem aber ist die Ehe dazu gedacht, den Kindern die nötige Nestwärme zu geben und einen gediegenen Hausstand zu sichern.

Nicht zuletzt durch wohlüberlegtes »Einheiraten« sind die Fugger innerhalb von zwei Generationen von tüchtigen, aber besitzlosen Webern zu wohlhabenden Handwerkern und Fernhandel treibenden Kaufleuten aufgestiegen.

Außer den drei Töchtern gibt es sieben Söhne. Fünf davon – das hat Jakob der Alte zu Lebzeiten noch genau festgelegt – sind oder werden in der Firma tätig. Ulrich, der Älteste, der als Firmenchef der Mutter zur Seite steht, sorgt sogleich nach dem Tod des Alten dafür, daß das Geschäftsunternehmen nicht durch Aufteilung des Erbes geschwächt wird.

Zwar hat jedes Familienmitglied ein eigenes Konto, aber das gesamte Kapital kann auf diese Weise so eingesetzt werden, wie es die Mutter und Ulrich für richtig halten.

Während Ulrich in der Zentrale in Augsburg bleibt, schickt er seine jüngeren

Brüder Hanns und Andreas nach Venedig, an den wichtigsten Handelsplatz des damaligen Europa.

Aus Venedig beziehen die Fugger vor allem Baumwolle, die sie zusammen mit Flachs zur Herstellung von Barchent verwenden. Aus Venedig importieren sie auch Gewürze, die sehr begehrt sind und über Zypern und das Mittelmeer aus dem Fernen Osten in die Lagunenstadt geliefert werden. In Venedig unterhält die deutsche Kaufmannschaft ein Hotel und ein Warenhaus, den »Fondaco dei Tedeschi«, unweit der Rialtobrücke.

Dort, und nur dort, darf sie unter Aufsicht venezianischer Beamter ihre Geschäfte abwickeln. Wenn sie dabei Bargeld erlöst, darf dieses nicht ausgeführt werden, sondern die Kaufleute müssen es sogleich wieder für den Ankauf venezianischer Ware ausgeben.

In Venedig konnte man lernen, was moderner Handel hieß, und jedes Handelshaus, das Fernhandel betrieb, tat gut daran, mit einem fähigen Mann in Venedig vertreten zu sein.

Zwei weitere Brüder, Peter und Georg, übernehmen, nachdem sie zuvor die nötige Erfahrung in Italien erworben haben, die Außenstelle der Firma in Nürnberg. Von dort aus hat schon ihr Vater Handelsbeziehungen mit den baltischen Ostseehäfen angeknüpft, nachdem ihm klar geworden ist, daß sich mit dem Vertrieb von Webwaren auf den großen Handelswegen nach Italien, den Niederlanden, Frankreich und Spanien allein eine Umsatzsteigerung der Firma nicht würde erreichen lassen.

Die beiden jüngsten Brüder, der 1448 geborene Markus und der 1459 zur Welt gekommene Jakob sind für den geistlichen Stand bestimmt. Die Familie folgt damit der Tradition, daß zumindest ein Sohn, um des Seelenheils aller anderen willen, sein Leben in den Dienst der Kirche zu stellen habe.

Jakob dem Alten ist das Seelenheil seiner Familie sogar zwei Söhne wert gewesen.

Daß man zu jener Zeit als Priester nicht nur durch Gebete und das Lesen von Seelenmessen seiner Familie nützlich sein kann, erweist sich an der Karriere des Zweitjüngsten, der Markus heißt.

Er hat sich 1462 zunächst an der Universität Leipzig immatrikuliert und schließt sein Studium mit dem Titel eines »Baccalaureatus Magister« ab. Bald darauf wird er zum Propst am Stift von St. Johann und an der Alten Kapelle zu Regensburg ernannt.

Dies sind Pfründe, also Ämter, an denen man verdient, ohne sie jedoch unbedingt selbst ausüben zu müssen. Nach einigen Jahren erhält Markus noch eine weitere Pfründe, ein Kanonikat, in Augsburg. Das ist ziemlich ungewöhnlich und dürfte auch einiges Aufsehen in der Stadt erregt haben. Denn nach Kirchenrecht dürfen eigentlich nur Söhne aus adligen Familien das Amt eines Domherren ausüben. Doch Markus hat es inzwischen in Rom zu einem weit wichtigeren Amt am Hofe des Papstes gebracht. Er ist Sekretär für die an den Papst gerichteten Bittschriften geworden. Dieser Posten macht ihn zu einem der wichtigsten Kirchenbeamten in ganz Europa. Er ist es, der empfehlend darüber entscheidet, welche Pfründe der Papst verleiht. Alle Rompilger sprechen bei ihm vor, vertrauen ihm ihre Anliegen an, und man darf sicher sein, daß sie Markus durch wertvolle Geschenke günstig zu stimmen versuchen. Lächerlich, da von Bestechung zu reden. Wo einer zu Amt und Würden verhelfen kann, wird er selbst nicht leer ausgehen wollen. So entspricht es den Sitten bei hoch und niedrig. Außerdem organisiert Markus auf seinem Posten in Rom eine Art bargeldlosen Zahlungsverkehr über ganz Europa hin.

Da kein Staat zu dieser Zeit Kirchensteuer erhebt, müssen die Inhaber eines kirchlichen Amtes, vom Domherren bis hinauf zum Kardinal, selbst sehen, wo sie bleiben.

Günther Ogger schreibt in seiner Geschichte des Hauses Fugger:

»Bei jeder passenden und unpassenden Gelegenheit wurden die Gläubigen zur Kasse gebeten, und von solchen Einnahmen wollte natürlich auch die römische Zentrale profitieren. So mußten zum Beispiel Bischöfe und Äbte bei ihrer Ernennung ›Servitia‹ bezahlen, die sich nach der Höhe der voraussichtlichen Einkünfte richteten.

Das Abgabensystem war fein abgestuft und sorgfältig organisiert: Jeder Kirchenhirte, der seine Gläubigen in einem bestimmten Gebiet ›ausbeuten‹ wollte, mußte Rom an seinem Gewinn teilhaben lassen. So floß ein ständig anschwellender Strom von Pfründengeldern aus allen Teilen der getauften Welt nach Rom.«

Die Überweisung solcher Gelder, beispielsweise aus Skandinavien nach Italien, würde, wenn jemand das Geld in bar überbracht hätte, lange Zeit gedauert haben. Außerdem war es gefährlich, mit dem vielen Geld in der Tasche zu reisen. Die Fugger aber hatten damals schon weitreichende Handelsvertretungen. Sie erledigten diese Überweisungen rascher durch die sogenannten »kleinen Scheine«.

Sie kassierten über einen Agenten bei den Klerikern in bar und schickten eine schriftliche Anweisung auf die entsprechende Summe an Markus nach Rom, der sie dann bei der päpstlichen Kasse einzahlte.

Heute scheint es selbstverständlich, so zu verfahren. Damals aber gab es in Europa noch kein dichtes Banknetz, bis vor noch gar nicht langer Zeit war auch der Handel ein Tausch von Ware gegen Ware gewesen. In vielen Gegenden wurde das immer noch so gehalten, nicht zuletzt deshalb, weil die sich im Umlauf befindlichen Münzen durch Strecken ihres Gehalts an Edelmetall in ihrem tatsächlichen Wert schwer berechnen ließen. Abgesehen von Italien gab es damals in Europa keine Banken. Außerdem gab es nur wenige Firmen, die über soviel Bargeld verfügten, daß sie bei einer solchen Transaktion hätten mitwirken können. So stellten die »kleinen Scheine« der Firma Fugger eine bestaunte Errungenschaft dar, an der freilich das Handelshaus nicht schlecht verdiente. Die Einzahlenden hatten ebenso eine Gebühr zu entrichten wie die päpstliche Kasse, die dank der Fugger rascher über fällige Gelder verfügen konnte.

Markus betrieb also stillschweigend im Schutze seines Amtes für das Familienunternehmen recht einträgliche Geldgeschäfte in Rom, ganz abgesehen von den politischen Informationen, die er aus der Stadt am Tiber seiner Mutter und seinen Brüdern zukommen lassen konnte.

Nicht selten waren ja Bischöfe zu dieser Zeit auch weltliche Herren. Und bei der Wahl eines Königs in Deutschland oder Frankreich hatte vor und hinter den Kulissen der Papst einiges mitzureden. Der Erzbischof von Mainz berief bei der Wahl des Königs im Heiligen Römischen Reich Deutscher Nation das Wahlmännerkollegium, die Kurfürsten, ein.

Wenn Markus darüber unterrichtet war, wer wo und wann Bischof, Erzbischof, Kardinal, Papst oder auch König werden würde, war dies für die Familie der Fugger eine wichtige Information: So konnten sie mit größerer Sicherheit beurteilen, ob ein Geschäft erfolgversprechend war oder ob Gefahr bestand, daß man durch einen Krieg Ware oder Gelder verlor.

Wenn Ulrich, der älteste unter den Brüdern, die vom Vater übernommene Firma so erfolgreich weiter ausbauen konnte, so lag dies gewiß nur an seinem, wie ein Chronist des Hauses Fugger schreibt, »wachen Instinkt für die gesellschaftlichen und politischen Veränderungen«. Vor allem benützte er dabei den gut eingespielten Informationsdienst, dessen Nachrichten aus Rom er den Leitern der Außenstelle in Nürnberg rasch mitteilte.

Und damit ist ein Geheimnis der Familie aufgedeckt. Freilich ist man tüchtig und geschickt, aber vor allem ist man diskret. Diese Diskretion, mit der man schon Generationen zuvor gute Erfahrungen gemacht hatte, ging so weit, daß man nicht einmal Schwägern oder Schwiegervätern Einsicht in die Geschäftszusammenhänge gewährte und zunächst immer·versuchte, alle Schlüsselstellungen der Firma mit nächsten Verwandten zu besetzen.

Ein Kaiser auf Besuch

1473, vier Jahre nach dem Tod von Jakob dem Alten, kommt Friedrich III., deutscher König und Kaiser des Heiligen Römischen Reiches Deutscher Nation, mit seinem Sohn und späteren Nachfolger Maximilian auf Besuch nach Augsburg. Der Kaiser ist auf dem Weg nach Trier. Er will sich dort mit Herzog Karl dem Kühnen von Burgund treffen. Der Burgunderherzog gilt als sagenhaft reich. Durch eine Heirat seines Sohnes Maximilian mit Karls Tochter Maria will Friedrich die Hausmacht seines Sohnes und Nachfolgers stärken. Freilich muß er seinem Konkurrenten um die Macht an der Westgrenze seines Reiches standesgemäß gegenübertreten. Er braucht Geschenke, die er selbst nicht zahlen kann. In Augsburg soll sein Kanzler, Hans Rebwein, versuchen, bei den »Pfeffersäkken«, wie die Kaufleute von den hohen Herrn trotz aller Abhängigkeit oder gerade wegen ihr verächtlich genannt werden, Kredite locker zu machen. In der Kaufmannschaft der Stadt weiß man: Der Kaiser ist ein unsicherer Kunde. Wann er seine Schulden zurückzahlt, ja ob überhaupt, ist höchst ungewiß. Aber es gibt einen anderen Beweggrund, zumindest für die Fernkaufleute, sich die kaiserliche Gunst nicht ganz zu verscherzen.

König Eduard IV. von England, der Herzog von der Bretagne und Herzog Karl von Burgund wollen ganz Frankreich untereinander aufteilen. Der Handelsverkehr soll über Caen statt wie bisher über Antwerpen laufen. Damit würden die oberdeutschen Kaufleute ihren Standortvorteil einbüßen: Der große Verkehrsweg würde sich vom Rhein zum Kanal hin verlagern. Zudem beunruhigt die Kaufleute die Zunahme des burgundischen Einflusses in der Schweiz.

Über die Eidgenossen hat Friedrich III. die Reichsacht verhängt, und diese haben sich vom deutschen Reichstag zurückgezogen und suchen Anlehnung an Frankreich. Es ist nicht auszuschließen, daß die demokratischen Prinzipien, nach denen sich das Alpenland zu organisieren beginnt, die Zünfte in den schwäbischen Städten dazu veranlassen könnten, vom herrschenden Patriziat abermals mehr Rechte zu fordern. Insofern ist auch Ulrich Fugger – und nicht nur er – durchaus daran interessiert, daß Friedrich III. bei seinen Verhandlungen mit dem Burgunderherzog in Trier Erfolg hat.

Solche Überlegungen sind es, die ihn veranlassen, »Ihro Majestät mit gutem Tuch und Seidengewand« auszustatten. Der Kaiser nennt Ulrich dafür gnädig einen »redlichen und habhaften Mann« und schenkt ihm »ohn alle Bezahlung frei ein Wappen und Kleinod«.

Das Wappen zeigt vier Büffelhörner, einen mit einer Lilie geschmückten Helm und einen Schild in Blau und Gold, auf dem zwei weitere Lilien erblühen.

In Unterscheidung zu dem anderen Zweig der Familie, der damals die Jakobssöhne an Reichtum und Ansehen noch bei weitem übertrifft und dem Friedrich III. schon 1462 als Wappen ein springendes Reh auf blauem Grund verliehen hat, nennen sie sich von nun an »Fugger von der Lilie«. Die Lilie und später der Dreizackspeer werden die Gütezeichen ihrer Firma – ein in ganz Europa bekanntes Symbol ihrer Macht und ihres Ansehens.

Nicht alle Bürger erweisen sich übrigens als einerseits so großzügig und andererseits so bescheiden im Umgang mit dem Kaiser.

Als dieser zusammen mit seinem Sohn weiterreisen will, fällt auf offener Straße der Hufschmied Hans Asch den Pferden, die die kaiserlich-königliche Kutsche ziehen, in die Zügel. Bei Bäckern, Schmieden und Metzgern hat der Kaiser während seines Aufenthalts insgesamt 1750 Gulden Schulden gemacht. Die sollen erst bezahlt werden. Um sich das nötige Geld zu verschaffen, verpfändet Friedrich III. schließlich Gold- und Silbergerät aus einer Kriegsbeute an die Stadtverwaltung. Erst dann ist der Weg frei zur Fahrt nach Trier.

Jakob der Jüngste

Wir haben ihn nicht vergessen, obwohl er sich als Kind manchmal verraten und vergessen vorgekommen sein mag: Jakob, den jüngsten unter den sieben Söhnen. Er ist das Nesthäkchen, der Kleine, der Blasse, der Schwache. Sechs Brüder kommen vor ihm. Sechs größere, kräftigere, tüchtigere, sechs, die schon weit herumgekommen sind. Sechs, die sich in der Welt auskennen. Und er? Mit zehn, nach dem Tod des Vaters, hat man ihn in das Chorherrenstift St. Veit zu Herrieden in Mittelfranken in der Nähe von Ansbach gesteckt. Nicht aus eigener Neigung, sondern weil die Mutter und die älteren Brüder, vielleicht auch der Vater, es so wollten, soll er Pfaffe werden. Und seine Oberen im Stift sind sich nicht einmal sicher, ob es bei ihm zu mehr reichen wird als zum Kanonikus oder zum einfachen Priester.

Die akademische Ausbildung, wie sie bei Markus offenbar selbstverständlich gewesen ist, hat man bei ihm nicht für nötig befunden. Das Kloster Herrieden liegt weitab. Tiefste Provinz. Glücklicherweise besteht für einen angehenden Domherrn nicht die Pflicht, ständig im Stift anwesend zu sein. So wird Jakob als Jugendlicher, wann immer möglich, zur Mutter gereist sein und sich dann ein paar Monate bei ihr aufgehalten haben.

Er spürt die Geschäftigkeit des Handelshauses, den Tatendrang von Ulrich. All dieses Planen, Schaffen, Wägen und Wagen läuft an ihm vorbei. Er ist gewissermaßen »aus dem Rennen«. Wieder im Stift, wird er sich auch mit christlicher Ethik, der Lehre vom rechten, gottgefälligen Leben haben beschäftigen müssen. Dabei kann es ihm nicht entgangen sein, was seine Bücher über jene Geldgeschäfte sagten, mit denen seine Familie reich geworden ist. Ein Mensch, dem es mit seinem Christentum ernst ist, macht keine Wechsel- und Zinsgeschäfte.

Nach kanonischem Recht ist es bei Strafe verboten, für verliehenes Geld Zinsen zu fordern.

Irgendwann einmal hat er daheim dieses Argument gegen einen seiner älteren Brüder ausgespielt. Auch deren Antwort ist rekonstruierbar, selbst wenn sie nirgends ausdrücklich überliefert ist.

Sie mögen ihm erwidert haben, gerade umgekehrt werde ein Schuh daraus. Das Zinsverbot der Kirche bremse die Wirtschaft. Die Herren Pfaffen sollten sich gefälligst etwas einfallen lassen, um die entsprechenden Stellen des Neuen Testaments, die zur Begründung des Verbotes herangezogen werden, anders auszulegen.

Die großen Handelshäuser Italiens, das wisse ein jeder, der einmal in Venedig, Florenz oder Rom gewesen sei, hätten sich längst über das Verbot hinweggesetzt, und sie seien gut damit gefahren. Nur weil die tumben Deutschen immer alles so überaus ernst nähmen, was ein Gesetz befiehlt, sei ihre Wirtschaftsordnung heute veraltet.

Jakob schweigt nach einem solchen Argument. Vielleicht hat er wiederum im Stift dann selbst diese Argumente benutzt, um die Mönche herauszufordern, die seine Lehrer sind.

Sie werden ihm gesagt haben, daß es mit denen kein gutes Ende nehme, die sich auf diese Weise wider Gottes Gebot und die Lehren der Heiligen Kirche versündigten.

Und gibt es nicht Hinweise dafür, daß sie recht haben? Jakobs Brüder Hanns und Andreas sind in Venedig am Fieber gestorben. Dann der Tod des Vaters. Der Tod einer Schwester. Es könnte doch so sein . . .

In seiner Angst, als Angehöriger dieser Familie auch schon von dem strafenden Gott zu einem baldigen Tod vorgemerkt zu sein, gelangt Jakob zu einer erstaunlichen und ihn aus seinen Ängsten erlösenden Einsicht.

Eines Tages im Stift fragt er seinen Magister, ob denn nicht genaugenommen auch die Pallien- und Annatengelder, die die Kirche für die Verleihung von Ämtern fordert, eine Art Zins darstellen. Zwar werde da nicht direkt Geld verliehen, wohl aber ein Amt, das zu Geld verhelfe, und wer das Amt erhalte, müsse doch auch Geld zurückzahlen.

Das sei eine kluge Art zu argumentieren, erwidert der Magister. Im Grund genommen habe er schon recht, aber laut sagen dürfe man das nicht, sonst laufe man Gefahr, als Ketzer verklagt zu werden.

Als er merkt, daß der junge Mann über diese Antwort erschrickt, schiebt er gleich noch eine Erklärung nach, die ihn beruhigen soll.

Jeder Dienst, jede Arbeit müsse nun einmal ihren Mann nähren, koste also Geld.

Da die Kirche auch Aufgaben der weltlichen Ordnung wahrnehme, würden solche Gelder gewissermaßen nur zum Guten aller Menschen gezahlt, könnten also nicht mit dem Zins verglichen werden, an dem sich ja immer ein einzelner bereichere.

In Jakob bildet sich langsam die Vorstellung, daß auf dieser Welt jeder nimmt, was er zu nehmen wagt. Man muß Macht haben, viel Macht, dann ist alles möglich.

Dabei erinnert er sich an den Besuch des Kaisers und des Kronprinzen in Augsburg. Da ist er gerade wieder einmal daheim gewesen. Er hat in seinem Zimmer gesessen und Latein gelernt.

Plötzlich ist die Tür aufgegangen. Ohne zu grüßen oder sich vorzustellen, ist ein Junge seines Alters hereingekommen.

Ohne zu fragen, ob das gestattet sei, hat er eines der lateinischen Bücher, die auf dem Tisch gelegen haben, in die Hand genommen und angefangen, darin zu lesen. Nach einer Weile hat er gesagt: »Dieses hier gefällt mir. Ich darf es doch behalten!«

»Aber nein«, hat Jakob empört gesagt, »wieso denn auch?«

»Ich bin Maximilian«, hat der Junge erwidert, »ich werde einmal deutscher König und Kaiser.«

»Nun ja . . . aber deswegen hast du doch noch lange nicht das Recht, dir dieses Buch anzueignen.«

»Ich will es mir nicht aneignen. Ich will, daß du mir es schenkst. Ich bin gewohnt, daß man mir gibt, worum ich jemanden bitte.«

»Aber das Buch gehört mir gar nicht. Es gehört meinem Bruder Ulrich.«

»Dann wollen wir zu ihm gehen. Er wird es mir gewiß schenken.«

Tatsächlich hatte Ulrich unter blumigen Komplimenten über die Gelehrsamkeit des jungen Herrn auf der Stelle Maximilian das Buch geschenkt. Es sei ihm eine Ehre, hatte er hinzugefügt.

Es sind jene verdeckten Wirkungen von Macht, die Jakob in diesen Jahren ungemein zu interessieren beginnen. Sein wacher Verstand, seine genaue Beobachtungsgabe, die ihn vieles durchschauen läßt, helfen ihm, Selbstvertrauen zu gewinnen.

Er wird es allen noch einmal zeigen, was in ihm steckt.

Für ein Leben im Kloster fehle es Jakob an Demut, haben die Mönche der Mutter und den Brüdern gesagt. Da haben sie wohl recht. Nicht, daß er aufsässig wäre. Er ist immer noch still, in sich gekehrt. Aber wenn er einmal den Mund auftut, stellt sich plötzlich heraus, daß er mehr weiß, als man ihm zutraut.

Warum geht er dann nicht auf die Universität? Warum studiert er nicht Theologie und Jura wie sein Bruder Markus?

Die Kirche kann Leute mit scharfem Verstand gut gebrauchen, und bei den Beziehungen seiner Familie würde er wohl auch rasch auf einen interessanten und einflußreichen Posten gelangen. Dem steht entgegen, daß er sich schwer tut, sich Buchwissen anzueignen.

Seine Begabung scheint mehr praktischer Art zu sein. Andererseits: In der Firma käme er sich vor wie das fünfte Rad am Wagen. So scheint eine Weile keiner der Wege, auf denen Menschen zu dieser Zeit vorankommen und weit nach oben gelangen, der richtige, seiner inneren Neigung entsprechende Weg zu sein. Er wartet, sieht sich um, hört, beobachtet, sammelt Erfahrungen.

Kräfte stauen sich in ihm an, Energien, die sich einmal Bahn brechen müssen. Er weiß es, ist sich im stillen sicher, mögen alle anderen von ihm denken, was sie wollen.

Da treten Ereignisse ein, die ihn auf eine bestimmte Bahn zwingen. 1478, er ist neunzehn Jahre alt, sterben innerhalb von ein paar Monaten zwei seiner Brüder. Markus erliegt, kaum dreißigjährig, in Rom einer Seuche. Er wird in der deutschen Nationalkirche Santa Maria dell' Anima begraben.

Aus Nürnberg kommt die Nachricht vom Tod des Leiters der dortigen Faktorei, Peter Fugger. Ulrich kommt in das Stift. »Wir brauchen dich«, sagt er zu dem Kleinen.

Das ist ein Satz, auf den Jakob lange gewartet hat.

Er läßt sich die Genugtuung, die er empfindet, nicht anmerken. »Wie stellst du dir das vor?« fragt er. »Ein Kanonikus kann nicht Kaufmann werden.«

»Das läßt sich regeln«, sagt Ulrich, »du hast noch nicht einmal die niederen Weihen.«

»Habt ihr nicht immer gesagt, ich taugte nicht zum Kaufmann?« erinnert ihn Jakob.

»Stell dich nicht dümmer als du bist, Kleiner«, sagt Ulrich, »immerhin bist du ein Fugger. Was du wissen mußt, wirst du bald erlernt haben. Wir werden zusammen nach Italien reisen und uns dort ein wenig umsehen. Und was dir dann immer noch nicht aufgegangen ist . . . nun, ich bin ja auch immer noch da.«

»Du bist da und Georg«, erwidert Jakob langsam, jedes Wort betonend.

»Was willst du damit sagen?«

»Es ist nur eine Feststellung.«

Das klingt frech und schneidend. Erstaunlich selbstbewußt.

»Wir können also mit dir rechnen?« sagt Ulrich.

»Ihr könnt mit mir rechnen«, antwortet Jakob. »Ich werde Kaufmann. Ich trete in die Firma ein.«

Lehrjahre

Herkommen

Irgendwann einmal wird in jedem Menschen die Frage danach wach, was vor ihm war. Das wird damals nicht anders gewesen sein als heute.

Vielleicht hat Jakob sich für die Geschichte seiner Familie schon zu interessieren begonnen, als er noch im Stift lebte.

Nach dem Tod des Vaters dürfte davon im Familienkreis die Rede gewesen sein. Da war er zehn.

Beim Besuch des Kaisers in Augsburg wird das Verhältnis zwischen den Geschlechtern der Fugger vom Reh und denen von der Lilie besprochen worden sein. Da war Jakob fünfzehn.

Bestimmt aber vor dem Aufbruch zu der großen kaufmännischen Bildungsreise nach Italien wird er sich endgültig über gewisse Punkte Klarheit verschafft haben. Das war unabdingbar, wollte er seine Möglichkeiten und Chancen für die Zukunft realistisch einschätzen.

Was er erfuhr, mag in etwa dies gewesen sein:

Da gab es das Dorf Graben, 30 Kilometer südlich von Augsburg. Dort wohnte eine Weberfamilie, die schlug sich recht und schlecht durchs Leben. Sie besaß ein kleines Haus und ein paar Äcker, aber ihren Lebensunterhalt verdiente sie am Webstuhl.

Die Weber auf dem Dorf waren völlig von den Handelsherren in der Stadt Augsburg abhängig. Sie lieferten die Rohstoffe. Sie bestimmten den Preis für das fertige Tuch.

Ein Landweber verdiente in der Woche einen Gulden. Für einen aufstrebenden jungen Mann boten sich auf dem Dorf kaum Chancen, voranzukommen. In der Stadt aber war man, sobald man das Bürgerrecht erhalten hatte, ein freier

Mensch. Auch, was den Beruf anging. In der Stadt gab es keine Frondienste. In der Stadt war man nicht wie auf dem Land der Willkür eines Lehnsherrn ausgeliefert.

Augsburg war eine sehr alte Stadt. Zuerst hatten die Römer hier um 15 n. Chr. ein Militärlager gegründet, um keltische Stämme unter Kontrolle zu halten. Schon unter Kaiser Claudius war die Stadt durch den Bau einer Fernstraße mit dem Mittelmeer verbunden gewesen. Seither gab es in Augsburg Textilkaufleute, Transportunternehmer, Weinhändler, Viehmakler. Karl der Große war es, der um 800 einen Verwandten zum Bischof von Augsburg machte. Das Bistum Augsburg wurde zu einer Schutzwehr des fränkischen Reiches nach Osten und Südosten. Allmählich kamen so seine Bischöfe auch zu weltlicher Macht. Sitz von Kaufleuten blieb der Ort das ganze Mittelalter hindurch. Da die Herren im Bischofspalast häufig in Geldverlegenheit waren, konnten die Kaufleute, deren Wohlstand zunahm, ihnen so manche Rechte abkaufen. 1156 verbriefte Barbarossa Augsburg das Stadtrecht.

Nach und nach mußten die Bischöfe all ihre Privilegien an die Bürgerschaft abtreten.

Herrscher über die Stadt wurden nun die wohlhabenden Familien, die »Geschlechter«.

Zunächst waren sie nicht willens gewesen, sich mit den Handwerkern in die Macht zu teilen. Aber daß sie sich zu Zünften zusammenschlossen, konnten sie diesen auf die Dauer nicht verweigern. Als die Stadt im Spätmittelalter immer mehr Zuzug vom Land bekam, verstärkten diese Neubürger die Gruppe der Handwerker.

Die mächtigste Zunft war die der Weber, und sie war es auch, die eines Tages zum Schlage gegen die »Geschlechter«, gegen das Patriziat, ausholte. Man verlangte nicht mehr und nicht weniger als die Auslieferung des städtischen Rechtsbuches, der Privilegiendokumente, der Siegel, aller Schlüssel zu den Stadttoren und der Sturmglocke. Vom Kaiser konnte die Oberschicht keine Hilfe erwarten. Allein war sie nicht stark genug, um sich zu widersetzen.

So fügte sie sich, wenigstens vorerst, dem Verlangen der Zünfte. Nur wenige Familien des Patriziats verließen die Stadt. Es kam zu einem Kompromiß. Manch einer aus den »Geschlechtern« ließ sich bei den Zünften einschreiben.

Die Zünfte duldeten, daß einige Repräsentanten des alten Patriziats in der Stadtregierung vertreten waren.

Als sich diese Veränderungen abspielten, nämlich um das Jahr 1367, war der Großvater jenes Jakob Fugger, der sich jetzt nach der Vergangenheit umsah, nach Augsburg gekommen.

Hans I. Fugger – der Familienname leitet sich wahrscheinlich her von dem lateinischen »facare«, also färben – kümmerte sich wenig um solche politischen Auseinandersetzungen.

Er wollte vorankommen.

Er war zuerst in der Stadt ein Niemand, aber doch kein Habenichts. Wieviel Geld er vom Dorf mitbrachte, weiß man nicht. Wohl aber ist bekannt, daß er bei seiner ersten Steuerveranlagung in Augsburg 44 Pfennig zahlte.

Wer als Weber in der Stadt arbeitete, die damals 15 000 Einwohner zählte, war noch lange nicht Bürger. Für das Bürgerrecht mußte man zahlen. Hans mag etwas Geld mitgebracht haben, aber für den »Einkauf« als Bürger reichte es nicht hin. Aber er war tüchtig, und es fiel jemandem auf, wie tüchtig er war. Dieser Mann hieß Oswald Wodolf und war Zunftmeister der Weber. Einen zuverlässigen Arbeiter für eine Werkstatt mit ständig zunehmenden Aufträgen: das wußte Wodolf zu schätzen. Also hatte er nichts dagegen, daß seine Tochter Klara den jungen Weber heiratete und diesem damit zum Bürgerrecht verhalf. Über die Tochter erbte Hans Fugger den Betrieb seines Schwiegervaters.

Nach zwölfjähriger Ehe starb Hans Fuggers erste Frau. Hans heiratete noch einmal, und wieder war es die Tochter eines Zunftmeisters. Sie hieß Elisabeth Gfattermann und war erheblich älter als Hans, aber sie brachte wiederum Geld mit ins Geschäft, und, was vielleicht noch wichtiger war, sie verstand es, einem Geschäftshaushalt vorzustehen und gut mit den Kunden umzugehen. Ihr Vater hatte sich neben seiner Tätigkeit als Weber auch im Fernhandel betätigt. Daß dies bei der Unsicherheit auf den Wegen und Straßen des Heiligen Römischen Reiches in mehr als einer Beziehung immer noch ein gewagtes Unternehmen war, beweist das Ende dieses Mannes.

Eines Tages lauerte ihm, als er allein mit einem Fuhrwerk unterwegs war, vor den Toren der Stadt ein ehemaliger Geselle auf, der sich von ihm unrecht behandelt fühlte. Mit einem Dolch in der Brust blieb Elisabeths Vater im

23

Straßengraben liegen. Das allein weiterziehende Gespann machte schließlich die Leute im nächsten Ort auf die Bluttat aufmerksam.

Auch Hans' Bruder Ulin war nach Augsburg gekommen, verlockt wohl durch das Beispiel seines älteren Bruders, der es immerhin geschafft hatte, innerhalb von zwölf Jahren vom unbekannten Gesellen zum Mitglied des Zwölferausschusses der Weberzunft aufzusteigen.

Aber bei Ulin wiederholte sich die Erfolgsgeschichte des Älteren nicht. Er brachte es zwar zu drei Häusern, mußte sich schließlich aber von einem anderen Handwerker Geld leihen, und als er den Kredit nicht fristgerecht zurückzahlen konnte, kam es zwischen den beiden Männern zum Streit, bei dem Ulin erschlagen wurde. Kurz darauf brannten auch noch seine drei Häuser nieder.

Auch seinen beiden Söhnen blieb das Unglück treu. Der eine wanderte wegen Zollbetrugs in Salzburg in den Kerker. Der andere, Konrad, verarmte, und zwar derart, daß er schließlich in den Steuerlisten der Stadt Augsburg überhaupt nicht mehr auftauchte.

Hans Fugger war ein zäher, zielstrebiger und vorsichtiger Mensch. Aus den politischen Händeln in der Stadt zwischen den Patriziern und den Zünften hielt er sich, wie gesagt, heraus. Manche nannten das Klugheit, andere Opportunismus. Nach dem Tod seiner Eltern – die Mutter hatte zuletzt bei ihrem anderen Sohn Ulin in der Stadt gewohnt – fiel das Anwesen in dem Dorf Graben an ihn. Er erweiterte es, indem er ein paar Äcker dazukaufte.

Auch später waren die Fugger nach seinem Vorbild immer bestrebt, ihre Handelsfirma durch den Erwerb von Grundstücken auf dem Land abzusichern. Eine glückliche Hand bewies Hans auch beim Kauf eines Hauses in der Reichsgasse, des »Hauses zum Rohr«. Es lag in der Nähe jenes Viertels der Juden, von denen sich viele mit Geldgeschäften abgaben, was den Neid der Christen erregte, die ihre jüdischen Mitbürger, deren Kredite sie gern in Anspruch nahmen, von Zeit zu Zeit immer wieder einmal aus der Stadt verjagten.

Als die das Gebäude verschandelnden Ladenbauten an seiner Vorderfront entfernt worden waren und auch die Zunft ganz in der Nähe ihr prächtiges Weberhaus errichtete, stellte sich heraus, daß Hans seine 500 Gulden gut angelegt hatte. Vor seinem Tod versteuerte Hans ein Vermögen von 2000 Gulden. Dabei muß man allerdings berücksichtigen, daß es sich um eine

Selbsteinschätzung handelte. Mit der Steuerehrlichkeit war es schon damals bei Handwerkern und Kaufleuten nicht weit her.

Zwei Söhne hinterließ Hans: Andreas und Jakob. Eingetragen blieb die Firma vorerst auf den Namen seiner Witwe, der Elisabeth Fugger-Gfattermann, die ihren Vermögensanteil auch im Geschäft beließ. Was die Jungen vom Weberhandwerk verstehen mußten, lernten sie im Haus. Eine regelrechte Lehre machten sie dazu bei einem Goldschmied.

Die beiden Söhne vertrugen sich schlecht miteinander. Andreas scheint recht geltungsbedürftig gewesen zu sein. Jakob war ein Arbeitstier, aber leicht zu kränken.

In den Jahren zwischen 1430 und 1450 ging es weiter bergauf. Wieder einmal wurden die Juden aus der Stadt verjagt. Dabei machten nicht wenige unter den christlichen Kaufleuten Augsburgs einen guten Schnitt, weil sie nun die bei den Juden aufgenommenen Kredite nicht zurückzahlen mußten.

1436 starb Elisabeth Fugger-Gfattermann. Mit dem Besitz mehrerer Häuser, einiger Landgüter und eines beträchtlichen Vermögens verfügten die beiden Brüder über eine gesicherte Grundlage für ihre gutgehende, aber immer noch mittelständische Handelsfirma. Zu den reichsten Familien der Stadt gehörten sie längst noch nicht.

Andreas, der Ältere, nun dreißigjährig, übernahm die Firmenleitung. Sein Interesse galt vor allem dem Fernhandel. Er reiste regelmäßig nach Innsbruck, Salzburg, Venedig und auf die Messe nach Frankfurt.

Jakob, der um sechs Jahre jüngere, war der Handwerker, ja, von Zeit zu Zeit liebte er es, nach Graben zu fahren und dort auf dem Bauernhof mit Hand anzulegen. Ein Kupferstich zeigt ein eher derbes Gesicht mit auffällig großer Nase, einem etwas verkniffenen Mund und einer zerfurchten Stirn.

Wenn Andreas es liebte, mit seinem Luxus zu prunken, übernahm Jakob zu aller Plackerei in seinem Handwerksbetrieb auch noch zahlreiche Ehrenämter. Er war Handelsrichter, Leinwandbeschauer, Steuereinnehmer und wurde schließlich sogar Mitglied des Großen Rates der Stadt.

Im April 1441 heiratete Jakob Fugger die Tochter des Goldschmiedes und Augsburger Münzmeisters Franz Bäsinger. Dies schien, ganz in der Tradition der Familie, eine gute Partie. Der Vater des Mädchens galt als einer der reichsten

Männer Augsburgs. Allerdings ließ er sich bald auf gewagte Investitionen ein. Er legte viel Geld in Anteilen an Silbergruben in Tirol an. Der Bergbau galt als ein zukunftsträchtiges Gewerbe, der Silberbergbau allemal. Wer Silbergruben besaß, hatte die Hand am Ausgangspunkt der Geldprägung. 1443 kam die Katastrophe. Bläsinger geriet in Zahlungsschwierigkeiten. Außerdem wurde er wegen Falschmünzerei angeklagt. Seine Schulden beliefen sich schließlich auf 24 000 Gulden. Er mußte Konkurs anmelden. Vorübergehend wanderte er in den Schuldturm. Jakob Fugger dachte nicht daran, für seinen Schwiegervater gutzusagen. Wenn ihm jemand deswegen Vorhaltungen machte, erklärte er nur, er habe den Alten oft genug gewarnt. Allerdings trug er später im Laufe der Zeit den enormen Schuldenberg ab. Das meinte er dem guten Ruf des Hauses Fugger schuldig zu sein.

Bläsinger war mit Schimpf und Schande aus der Stadt gejagt worden. Als Sachverständiger für Edelmetalle kam er bei der Konjunktur des Bergwerkwesens bald in Tirol unter und brachte es später in Hall noch einmal zum Posten eines Münzmeisters.

1454 waren die Spannungen zwischen den Brüdern Andreas und Jakob Fugger so unerträglich geworden, daß sie sich schließlich zur Teilung der Firma entschlossen.

In den Augen der Welt mag Andreas mehr Ansehen besessen haben als Jakob. Aber der Schein trog. Nach seinem Tode bei der Inventur des Jahres 1462 stellte sich heraus, daß Jakob, obwohl er doch auch noch die Schulden seines Schwiegervaters hatte abtragen müssen, besser gewirtschaftet hatte. Sein Vermögen war fast doppelt so groß wie das der Witwe seines Bruders Andreas.

Unter Andreas' Söhnen war Lukas der tüchtigste. Sein Ehrgeiz ging dahin, nun endlich unter die reichsten Bürger der Stadt zu gelangen. Nur noch nominell war Lukas Mitglied der Weberzunft. Gewiß besaß auch er Organisationstalent, aber er hatte das Imponiergehabe seines Vaters geerbt. Wie es in der Familienchronik heißt, betrieb er »einen gewaltigen Handel . . . von Venedig auf Leipzig und Seesteden, auf Niederlande zu mit Spezereien, Seiden und wullin Gewand«.

Allein in seinem prächtigen Haus am Weinmarkt zu Augsburg beschäftigte er zwanzig Angestellte. Seine Firma hatte Außenstellen in Venedig, Bozen, Mailand, Nürnberg, Frankfurt am Main, Brügge und Antwerpen. Die Leiter dieser Faktoreien waren am Gewinn beteiligt. Eine solche Faktorei war Kaufhaus, Bankfiliale, Pferdestation, Warenlager, Postamt und diplomatische Vertretung in einem.

Das Zauberwort, das Lukas umtrieb, hieß Expansion. Immer mehr, immer größer! Wenn jemand Geld besaß und es anlegen wollte, nirgends hätte es besser und gewinnbringender aufgehoben sein können als bei dem Andreas-Sohn Lukas. Schon 1462 hatte ihm der Kaiser ein Wappen verliehen. Zu Kaiser Friedrich wie zu dessen Sohn Maximilian konnte er sich der besten Verbindungen rühmen.

Und doch hörte Jakob der Kleine seine Brüder sagen, wenn sie unter sich waren, die Finanzkraft ihrer Vettern, der Fugger vom Reh, werde in ihrer Bedeutung überschätzt, Lukas verzettele sich. Er verliere vor lauter rastloser Aktivität die Übersicht. Er führe Hunderte von Prozessen, die nichts einbrächten als verlorene Zeit und verlorenes Geld.

Und wer sich letztlich zu vornehm dünke, selbst noch mit Tuchen und Gewürzen zu handeln, sondern ausschließlich Finanzgeschäfte mit Kaisern und Königen machen wolle, für den könne es eines Tages noch einmal ein böses Erwachen geben. Freilich war der Finanzbedarf der Herren Fürsten enorm. Aber je größer und mächtiger die Städte wurden, desto geringer wurden die Einkünfte der Fürsten aus ihren Lehen.

Auch die Kriege wurden immer kostspieliger. Nicht nur, daß mit dem komplizierten Kriegsgerät die Ausrüstung eines Heeres teurer geworden war, auch die als Söldner angeworbenen Landsknechte, die sich immer häufiger den Rittern zu Pferde überlegen erwiesen, drangen darauf, stets pünktlich entlohnt zu werden. Andernfalls liefen sie zum Feind über.

Geschäfte mit Kaisern, Königen und Fürsten zu machen, das mochte ehrenvoll sein. Es mochte schmücken. Aber wer zahlte, wenn der Kaiser wieder einmal einen Krieg verloren hatte und als Bettler vor seinen Feinden auf der Flucht war? Und auch im günstigsten Fall, wenn die Herren Fürsten Sieger blieben . . . sie konnten sich lange verdammt schwerhörig stellen, wenn es ans Rückzahlen von Krediten ging.

Dies alles könnte Jakob der Kleine, der Jüngere, erfahren haben, als er die

Geschichte seiner Familie durchforschte, um so Rückschlüsse zu ziehen, wie er selbst handeln sollte, wie man als Kaufmann schnell vorankam.

Er weiß, ehe er nach Italien aufbricht: Er hat noch viel zu lernen. Er ist immer noch recht verschlossen, der Kleine. Wenn ihn sein Bruder Ulrich mustert, kann er sich nicht vorstellen, daß ihm in Jakob einmal ein Rivale erwachsen könnte. Was sich Ulrich wünscht, ist ein brauchbarer Mann auf dem zweiten oder dritten Platz. Jemand, der gerade soviel weiß, wie er wissen muß. Der gehorcht. Dem man Teilaufgaben übertragen kann. Der zuverlässig seine Pflicht erfüllt, aber nicht allzuviel Eigeninitiative entwickelt. Darauf stellt Ulrich auch seine Unterweisung ab.

Hin und wieder aber fällt ihm auf, daß Jakob sich auf anderen Wegen Informationen besorgt, die er, Ulrich, ihm wohlweislich vorenthalten hat. Ein paarmal ist Ulrich deswegen aufgebraust. Er hat zu dem Kleinen gesagt: »Wenn du etwas wissen willst, halte dich an mich.«

Dann kann der Kleine ganz brav tun und antworten: »Du bist vielbeschäftigt. Ich wollte dich nicht damit behelligen.«

Ulrich sieht ihn dann genau an und kann sich nicht darüber klar werden: Sagt er das in aller Harmlosigkeit, oder schwingt da nicht auch ein leiser Unterton von Hohn und Spott mit? Er weist den Kleinen nicht zurecht. Er läßt nicht einmal das Lächeln sehen, das über sein Gesicht kommen möchte. Er denkt: Zapple nur, Kleiner. Der Vorsprung ist zu groß. Du kannst ihn nicht wettmachen.

In Jakob aber wächst weiter die Ungeduld.

Er kann alles aus einem gewissen Abstand sehen. Noch trägt er keine Verantwortung. Das läßt ihn die Dinge leidenschaftsloser prüfen. Vor allem über die Ursachen von Fehlern denkt er nach:

Ein unzufriedener Geselle und ein Messerstich ins Herz! Jemand, der viel will, zuviel, und die Übersicht verliert. Zwei Brüder von unterschiedlichem Temperament, und die Firma zerbricht. Jemand kann ein guter Bergbauingenieur sein, aber das muß nicht heißen, daß er auch ein guter Kaufmann ist.

Die Fehler, die andere gemacht haben – ihm sollen sie nicht unterlaufen. Freilich imponiert ihm sein dynamischer Vetter Lukas, und wenn seine beiden älteren Brüder dessen Risikofreudigkeit bekritteln, so gibt er Lukas recht. Ohne Risiko kein Gewinn.

Nur müßte man die Dinge nüchterner und kühler angehen, als es die Fugger vom Reh tun. Wer ganz groß werden will, für den ist der Größenwahn eine arge Gefahr. Sich die Nüchternheit erhalten, wenig reden, zuhören können, über seine Schlüsse nicht sprechen. Immer auf der Hut sein, mißtrauisch bleiben. Das sind ein paar Maximen, denen er sich verschreibt. Und wenn er an Ulrich denkt, empfindet er auch, daß sie nun zu einem Wettrennen angetreten sind. Ob sie es beide wollen oder nicht.

Freilich liegt Ulrich weit voraus, aber er, Jakob, holt auf. Und was gut ist: Ulrich hat es noch nicht gemerkt.

Umschau in Italien

Zusammen mit Ulrich bricht Jakob zu einer Reise nach Italien auf. Die Mutter hat allerlei Medikamente mit ins Gepäck getan: Gerstenwein zum Gurgeln, Sauerampfer und Süßholz gegen Fieber, Rosenöl, das angeblich gut sein soll gegen die Ausdünstungen des brackigen Wassers der Lagunenstadt.

Sie hat schon zwei Söhne unten im Süden verloren. Nun ängstigt sie sich um ihren Ältesten und ihren Jüngsten. Aber eine solche Bildungsreise ist ein Muß für jeden angehenden Kaufmann im Heiligen Römischen Reich, und Jakob ist entschlossen, in Rom und Venedig hinter jene Geheimnisse zu kommen, die dazu führen, daß die italienischen Handelsherren allen anderen Kaufleuten im damaligen Europa überlegen sind.

Sie überqueren den Brenner, reiten an der Etsch entlang nach Verona. Sie kommen nach Florenz und sehen die Paläste der Medici: Häuser, prächtiger als die des Kaisers. Auf den Zinnen flattert eine Fahne mit einer goldenen Lilie. So weit kann man es also bringen, wenn man sich recht auf den Handel versteht. Lorenzo Medici fährt in einem goldenen Wagen. Tragen nicht auch die Brüder in ihrem Wappen die Lilie!

Jakob wirft einen Seitenblick auf Ulrich. Wer von uns beiden wird einmal in einem goldenen Wagen fahren: du oder ich?

Lorenzo wird mit »Magnifico«, der Erlauchte, angeredet. Sein Ruhm, seine

Macht haben Neid beim Papst hervorgerufen. Mit Wissen des Heiligen Vaters, der nur zum Schein verlangt hat, daß kein Blut fließen solle, sind Mörder gedungen worden, die die Brüder Lorenzo und Giuliano beim Hochamt im Dom überfallen haben. Giuliano ist von mehreren Dolchstichen getroffen und getötet worden. Lorenzo wurde verwundet, durch den Beistand von Freunden gerettet. Die Verschwörer, ihnen voran der Erzbischof von Pisa, haben die Signoria zum Aufstand bewegen wollen. Man hat sie aber gefangengenommen und als Verräter an den Fensterkreuzen des Palazzo aufgehängt. Das Volk hat sie unter dem Ruf »Palle, palle« (gemeint sind die Kugeln im Wappen der Medici) hingerichtet. Gebärden und Gesten von Macht, wohin man auch sieht.

Und wie stolz diese Menschen auf ihre Macht sind!

Dieser Lorenzo Medici ist eine imponierende Persönlichkeit. »Ich bin nicht Herr, sondern Bürger der Stadt!« hat er einmal gesagt. Er interessiert sich vor allem für Architektur. Er hat die Fassade des Domes selbst entworfen. Er läßt ein Kloster durch Giuliane de Sangollo bauen! Er liebt das Leben auf dem Lande und besitzt in Poggio a Cajano eine Villa mit antiker Säulenhalle. Er läßt Pflanzungen anlegen, züchtet gute Haustierrassen. Er hält Falken und edle Pferde. Er beschäftigt die großen Maler seiner Zeit wie Botticelli und Mantegna.

Lorenzos Begeisterung für die Schönen Künste teilt Jakob nur sehr bedingt. Aber daß hier ein Kaufmann eine Vorstellung von Herrschaft und Prestige in die Tat umgesetzt hat, die anders und zugleich eindrucksvoller ist als die Macht von Kaiser und Papst, dafür hat er wohl Sinn. Die Macht eines Großbürgers. So möchte er auch werden.

Und dann Rom:

»Burgtürme der großen großen römischen Geschlechter starrten überall aus den antiken Ruinen heraus wie Speerspitzen, und als Wehrbauten waren sie gedacht. Wehrbauten waren auch die großen Häuser der Kardinäle, eine Festung der Vatikan mit der Engelsburg als dem gewaltigen und uneinnehmbaren Zentrum, in das die Päpste zu flüchten pflegten . . . Ruinen des Altertums hoben sich aus den Hügeln heraus, beträchtlich höher als später, nachdem sie als Steinbruch für den ungeheuren Palazzo Farnese und für Kirchenbauten verwendet wurden. Das Kolosseum stand in einigen Teilen noch bis zu den obersten Rängen, die Wölbungen der riesigen Thermen waren erhalten mit mächtigen Bogen . . . von

dem gesamten Areal der antiken Millionenstadt, deren Mauer nun ›weit drau-
ßen‹ verlief, war jedoch nur ein fast kläglicher Bruchteil verblieben: Wie zum
Fluß hinabgerutscht in einigen enggedrängten Stadtteilen mit engen gotischen
Gäßchen, die etwa 40 000 Menschen beherbergten, kaum mehr als deutsche
Städte wie Nürnberg oder das heimatliche Augsburg«: So bietet sich Rom dem
jungen Kaufmann dar.

An der Engelsbrücke am Tiber hat die päpstliche Kurie neuerdings ihren Sitz.
Palast an Palast. So prächtig wie die Bauten der Kardinäle sehen nur noch die
Niederlassungen der Handelsherren aus den großen Städten Oberitaliens aus,
die sich auf Geldgeschäfte spezialisiert haben, und da sie Tür an Tür mit den
Männern der Kurie wohnen, mag es da wohl auch Verbindungen geben, das
kanonische Zinsverbot hin oder her. Durch solche Geldgeschäfte erklärt sich
dann wohl auch, daß die Bürger Roms noch nie einen Pfennig Steuern haben
zahlen müssen.

Das ist schon eine besondere Stadt. Vielleicht in ihrem äußeren Bild nicht so
eindrucksvoll, wie sie sich Jakob ausgemalt hat. Aber etwas geht von ihr aus –
eine Heiligkeit, ein Energiestrom, die einen verstehen lassen, über alle ge-
schichtlichen Begründungen hinweg, warum sich deutsche Könige in Rom erst
zum Kaiser krönen lassen müssen, wenn sie ganz und gar anerkannt sein wollen.
Natürlich besuchen Ulrich und Jakob das Grab ihres Bruders Markus, der mit 30
Jahren im April 1478 in Rom gestorben ist. »Wärest du nicht gestorben, stände
ich nicht hier!«

Aber weit mehr als Trauergedanken beschäftigt Jakob das Finanzsystem der
Päpste: Jedes Amt, das die Kurie vergibt, muß bezahlt werden. Es ist nicht
erblich. In der nächsten Generation muß es abermals bezahlt werden. Unter
Papst Sixtus, den Jakob nicht wenig bewundert, weil er als Sohn armer Fischers-
leute geboren worden ist und doch so hoch hinauf gelangte, gibt es einen
gewissen Prontora Sinolfi. Ein Genie im Finden neuer Titel und Ämter.
Beispielsweise hat er die »Hundert Janitscharen« erfunden. Der Titel eines
Janitscharen kostet tausend Dukaten, macht insgesamt hunderttausend Dukaten
für die Papstkasse. 100 Dukaten werden 126 rheinischen Gulden gleichgesetzt.
»Warum gibt es Leute, die dabei mitspielen?« fragt Jakob seinen einheimischen
Informanten.

»Oh«, sagt sein Gegenüber, »das fragt Ihr mich? Seid Ihr nicht selbst einmal Kanonikus gewesen. Habt Ihr da nie erlebt, was den Leuten ihr Seelenheil wert ist, was sie es sich kosten lassen, nur um die Angst vor dem schwarzen Loch, in das ein jeder eines Tages hinabstürzt, ein wenig zu mildern. Nun, ist's das nicht, so werden sie sich einen politischen Vorteil versprechen. Die Kurie ist mächtig . . . nicht nur, was das Fegefeuer angeht, sondern auch in den Dingen dieser Welt. Seht, da war dieser Giuliano in Florenz, der ins Gras beißen mußte. Sixtus wollte für seinen Neffen dieses und jenes Fürstentum. Giuliano scheint sich dem widersetzt zu haben. Rein zufällig kommt es zu einer kleinen Verschwörung, die Giuliano das Leben kostet.«

»Ihr werdet doch den Heiligen Vater nicht des Mordes verdächtigen wollen?«

»Habe ich das gesagt?«

»Ihr habt es angedeutet.«

»Nun, damit habe ich nur wiederholt, was die Spatzen in ganz Rom von den Dächern pfeifen. Der Heilige Vater soll sehr ungehalten über die Ungeschicklichkeit gewesen sein, durch die Giulianos Bruder, Lorenzo, den Verschwörern entkommen ist. Ja, ja, junger Mann: Das müßt Ihr lernen . . . und bei Eurem Beruf allemal. Die Parole heißt: fressen oder gefressen werden. Das mag Euch zynisch klingen. Aber wer sich hier behaupten will, der tut gut daran, das nicht nur als eine Sentenz anzusehen.« Nachts kann Jakob vor zurückgestauter Erregung kaum schlafen. Er hat schon einige Illusionen wie Seifenblasen zerplatzen sehen, aber so hart hat er sich den Lauf der Dinge in dieser Welt denn doch nicht vorgestellt. In Rom kann man erfahren, wie Macht triumphiert. Man spürt den Kitzel der Macht. Selbst die Kirche ist eine Kirche der Mächtigen.

Er weiß, wenn er in sich selbst blickt, daß auch er nicht von Machtgelüsten frei ist. Bisher hat er immer ein schlechtes Gewissen deswegen gehabt. In Rom erlebt er Menschen, die sich kühn das nehmen, was ihnen zu Macht verhilft, offenbar ohne sich im geringsten ein Gewissen daraus zu machen, wenn sie sich dazu der schmutzigsten Mittel bedienen müssen. So also wird auch er handeln müssen. Es ist der Lauf der Welt. Man muß sich sein Gewissen ausreißen.

Am nächsten Tag erwähnt er gegenüber Ulrich beiläufig, daß man im Interesse der Firma gut daran tue, den durch den Tod von Markus vakant gewordenen Posten in Rom neu zu besetzen.

Ulrich runzelt die Stirn. »Planst du neuerdings die Organisation der Firma?«

»Ich dachte nur . . . es sei wichtig«, sagt Jakob etwas verlegen.

»Die Sache ist nicht so einfach, wie du dir das wahrscheinlich vorstellst«, belehrt ihn Ulrich. »Die Geldgeschäfte sind jetzt alle fest in den Händen der Italiener, Kleiner. Wenn wir anfangen würden, Prälaten Gelder zum Ämterkauf zu für uns günstigen Bedingungen zu verleihen, würde man uns bald wegbeißen.«

Immer noch sagt Ulrich »Kleiner«. Jakob läßt sich seinen Groll darüber nicht anmerken.

»Aber warte mal«, fährt Ulrich nach kurzem Besinnen fort. »In gewissem Sinn hast du vielleicht sogar recht. Wir sollten wenigstens wieder den Fuß zwischen die Tür bekommen. Erinnere mich daran, daß ich mit Koler spreche, wenn wir nach Venedig kommen.«

Die Gebrüder Koler vertreten die Interessen der Fugger in der Lagunenstadt. Kurze Zeit nach der Unterredung mit den beiden Fugger-Brüdern geht Paul Koler nach Rom.

Venedig ist wieder eine eigene Welt. Die beiden Brüder wohnen im Kaufhaus der Deutschen am Rialto, das vor kurzem erweitert worden ist. Außer ausgedehnten Warenlagern gibt es jetzt hier hundert Kammern, die als Wohn- und Schreibstuben benutzt werden. Dazu eine Kapelle, eine Weinschenke und einen Fest- und Speisesaal.

So großartig sich das auch alles ausnimmt, Jakob durchschaut sofort die Bevormundung, die dabei mit im Spiel ist.

Die Venetianer haben den Handel in den Mittelmeerraum und in die Levante fest im Griff und wachen eifersüchtig über dieses Monopol. Nur im Innenhof des Fondaco dei Tedeschi dürfen die deutschen Kaufleute mit ihren italienischen Partnern Geschäfte tätigen. Ihren Handelserlös müssen die Deutschen sofort wieder in Waren umsetzen. Der Handelshof muß an den Seestaat Venedig hundert Dukaten Umsatzsteuer jährlich entrichten. In Venedig triumphiert der Geschäftssinn. Selbst Adlige sind hier Kaufleute. Es grenzt ans Wunderbare, wie die Venezianer ihr Handelsmonopol verwalten, Geld und abermals Geld daraus ziehen.

Wenn Jakob nach den Voraussetzungen für den Reichtum und die Macht des Stadtstaates fragt, stößt er auf zwei Punkte, die er sich ins Gedächtnis schreibt:

Die Venezianer haben ein Nachrichtennetz aufgebaut, das selbst dem des Papstes überlegen ist. Eine Nachricht zeitiger als andere zu erhalten, kann dazu führen, daß man Tausende von Gulden verdient.

Und sie haben die Naturalwirtschaft, den Tausch von Ware gegen Ware, zu dem sie die ausländischen Kaufleute zwingen, durch die Banktechnik und den Kreditverkehr ersetzt.

Jakob, der es, auch noch als er nach Augsburg zurückgekehrt ist, nicht ungern hört, wenn man ihn »Giacomo« nennt, weil ihn das an jenes Wissen erinnert, das die Venezianer und die Italiener der großen Handelsstädte den Deutschen voraushaben, nützt seinen Aufenthalt in der Lagunenstadt, um eifrig Italienisch zu lernen. Nur so ist er in der Lage, mit den Einheimischen selbst zu reden und ihnen dabei die eine oder andere Information zu entlocken; denn sie prahlen gern, diese Südländer, vor allem, wenn ihnen der Wein die Zungen gelöst hat, während er schon längst gelernt hat, gut zuzuhören und Wissen schweigend in sich zu verschließen.

Bei Ulrich entdeckt er ein gewisses Vorurteil gegen alles Neue. Der nimmt es als selbstverständlich hin, daß Ware gegen Ware getauscht wird. So war es immer. Warum soll es nicht immer so bleiben? sagt er. Ulrich hat ein Mißtrauen gegen Geld und Geschäfte nur mit Geld. Das ist Jakob schon in Rom aufgefallen. Es mag daran liegen, daß sich die Reden der Priester wider den Zins tief in ihn eingegraben haben, daß ihm der Schock über den Konkurs des Großvaters Bäsinger, der auf Münzen gesetzt hat und nur auf Münzen, noch in den Knochen steckt. Ja doch, es ist gefährlich. Aber dem Geld gehört die Zukunft. und deswegen muß man, ob gefährlich oder nicht, sich gerade im Geldgeschäft engagieren. Es ist ein Wettrennen zwischen Ulrich und ihm: Jakob kommt diese Vorstellung immer wieder einmal in den Sinn. Und jetzt sieht er einen neuen Ansatzpunkt, wie er in diesem Wettrennen weiter aufholen kann. Er wird aufs Geldgeschäft setzen. Ob das Ulrich paßt oder nicht. Er kann mit der Mutter sprechen, die steht noch in Verbindung mit dem schwarzen Schaf der Familie, mit Bäsinger, der nun gar wieder Münzmeister ist in Tirol. Von ihm kann er gewiß noch manches lernen, was den Ausgangspunkt jeder Geldschöpfung angeht, den Silberbergbau und die Verhüttung von Silber und die Münzprägung.

Jakob ist gern in Italien gewesen. Er hat vieles gelernt. Dieses Land hat ihn lebendig gemacht. Sein Selbstvertrauen ist gewachsen, als er mit seinem Bruder nach Augsburg zurückkehrt. Er hat begriffen, warum die Italiener den deutschen Kaufleuten überlegen sind . . . noch. Für ihn steht fest, daß man mit der Kurie gewinnbringende Geldgeschäfte machen kann. Er redet noch immer nicht viel.

Vorerst findet es Ulrich nützlich, in Augsburg die Buchhaltung umzustellen. Statt der römischen Ziffern arabische. Statt des einen Buches, in dem man jedes Geschäft verzeichnet hat, zwei Bücher: jeder Geschäftsvorgang wird doppelt erfaßt. Zuviel Aufwand? Keineswegs. Dafür weiß man im Augenblick, wie man steht, übersieht momentan Verlust und Gewinn. Muß kein Geld horten, das neue Gewinne bringen könnte. Kann sich nicht übernehmen und wird nicht zu Geschäften verführt, für die man in Wahrheit kein Geld hat. Addieren, Subtrahieren, die Zeichen Plus und Minus.

Die Italiener machen es längst so. Na also. Mit der Zeit wird Jakob das aus Italien stammende System der Buchhaltung im Sinn der Klarheit und Übersichtlichkeit noch weiter verfeinern. Das Schuldbuch wird eingeteilt in Personalkosten und Sachkosten. Hinzu kommt ein Kassabuch, das Unkostenbüchlein und ein Geheimbuch, das nur ihm und seinen engsten Vertrauten zugänglich ist.

Aber Italien ist nicht alles. Von Augsburg führen Jakob weitere kaufmännische Bildungsreisen in die Niederlande, nach Nord- und Ostdeutschland. In Nürnberg hat er sich zuvor schon umgesehen.

Am 6. März 1480 wird Jakob großjährig. Nun will er handeln. Er weiß, daß man dabei das Lernen nicht vergessen darf.

Augsburg in Aufruhr

Unterdessen sieht die Stadt Augsburg stürmische Tage.

Es gibt da Leute, Bürger, die an dem rasch wachsenden Wohlstand der Großkaufleute keinen Anteil haben. Eine Weile haben sie stillgehalten. Nun aber haben sie sich auf eine besonders tückische Art (so sehen es jene, die von ihnen angegriffen werden) zu Wort gemeldet. Ihr Sprecher, ein gewisser Ulrich Schwarz, hat die Forderungen der armen Leute sogar drucken und die Streitschrift unter die Warenballen in den Speichern stecken lassen, damit solche Forderungen auch im Umland der Stadt und anderswo bekannt werden. Die Sache ist nicht ungefährlich, denn zu dieser Zeit beginnen im süddeutschen Raum schon die ersten Bauernrevolten.

Da hat es 1476 einen Pfeifer zu Niklashausen im Taubertal gegeben. Hans Böhm hat er geheißen. Statt wie zuvor den Leuten zum Tanz aufzuspielen, hat er eines Sonntags seine Pauke verbrannt, ist auf eine Weinkufe gestiegen und hat der neugierig zusammenströmenden Menge erzählt, Maria, die Mutter Gottes, sei ihm nachts draußen auf der Weide erschienen. Sie habe ihm befohlen, sein Instrument zu verbrennen und die Menschheit zur Buße aufzurufen. Sie sollten alle ihre Hoffart und Verstocktheit aufgeben, denn der Zorn Gottes auf das Menschengeschlecht sei groß. Maria wolle zu Niklashausen im Taubertal mehr verehrt werden als irgendwo sonst auf der Welt, und deswegen könne man hier auch vollkommeneren Ablaß seiner Sünden erlangen als selbst in Rom.

Der Pfeifer hat mit seinen Reden wider die weltliche und geistliche Obrigkeit viel Aufsehen erregt, bis nach Würzburg, Bamberg und Nürnberg hin. Je entschiedener der Hirte die Gleichheit aller Christenmenschen schon hier auf Erden betonte, desto eifriger sind ihm Leute aus Stadt und Land zugelaufen. Er hat auch gesagt, »daß der Kaiser ein Bösewicht sei und mit dem Papst ist es nichts«. Und weiter:

»Der Kaiser gibt einem Fürsten, Grafen, Ritter und Knecht, geistlich und weltlich, Zoll und Steuer über das gemeine Volk, ach weh ihr armen Teufel.

Item haben die Geistlichen viel Pfründen, das soll nicht sein. Sie sollen nicht mehr haben, dann von einem Mal zum anderen.

Item sie werden erschlagen, und bald wird es dazu kommen, daß der Priester seine Platte (Tonsur) gern mit der Hand bedecken möchte, damit man ihn nicht erkennt.

Item wenn die Fürsten, geistlich und weltlich, auch Grafen und Ritter soviel hätten wie der gemeine Mann, so hätten wir alle gleich genug, was dann geschehen soll.

Der Pfeifer von Niklashausen. Holzschnitt, Ende 15. Jh.

Item es kommt dazu, daß die Fürsten und Herren noch um einen Tagelohn müssen arbeiten.«

Alt und jung, vom Rhein, aus Franken, Schwaben und Bayern sind ins Taubertal gelaufen. Die Handwerksknechte aus den Werkstätten, die Bauersknechte von dem Pflug und die Grasmägde mit ihren Sicheln und Stümpfen ohne alle Erlaubnis ihrer Meister und Obrigkeit. Als die Wallfahrten zum Pfeifer in Niklashausen an die 40 000 Menschen gebracht haben, hat sich der Bischof von Würzburg endlich ein Herz gefaßt. Er hat den Hans Böhm von Reisigen nachts in seiner Hütte überfallen und ihn auf sein festen Schloß führen lassen und kurz darauf hat man ihn lebendigen Leibes auf dem Schottenanger zu Würzburg hinter dem Jakobskloster am Main verbrannt.

Man ist auch in Augsburg gewarnt. Solche Parolen, wie hirnverbrannt sie auch sein mögen, finden immer häufiger, und nicht nur im Taubertal, Gehör.

Wenn es zu einer Allianz zwischen der unzufriedenen Landbevölkerung und der städtischen Unterschicht käme, könnten sie den reichen Pfeffersäcken leicht das Schlottern der Knie lehren. Besser also, es soweit nicht erst kommen zu lassen.

Darum hat man sich bereiterklärt, jenen Ulrich Schwarz als Bürgermeister in den Hohen Rat aufzunehmen. Dort sitzt er kaum ein Jahr, und schon stimmt er auch dafür, daß sich die Stadt mit fünfhundert Infanteristen, hundert Reitern und zwanzig Hakenbüchsenschützen an dem Kampf der Schweizer gegen den Herzog von Burgund beteiligt.

Was das kostet? Das ist nicht die rechte Frage. Wohin soll das führen, wenn die Vorstellungen der Schweizer von Unabhängigkeit und Volksherrschaft auch in der Stadt Schule machen? So die Kaufleute und die Angehörigen des Patriziats, die sich langsam, aber sicher immer mehr aus den Schaltstellen der Macht verdrängt sehen.

Sie schicken einen der Ihren, den ehemaligen Bürgermeister Vittel, zum Kaiser nach Wien, damit er dort über Schwarz Klage führe. Man muß dem hohen Herrn vielleicht wieder einmal ins Gedächtnis rufen, wer allein in der Lage ist und in der Lage sein wird, ihm zu Pracht und Prunk zu verhelfen und die Heere zu finanzieren, mit denen er sich seiner Feinde zu erwehren versucht.

Schwarz kriegt von dieser Mission Wind. Kurzerhand läßt er die Brüder Vittel nach ihrer Rückkehr festnehmen und hinrichten. Dann kommt die Nachricht, daß Karl von Burgund in drei Schlachten von den Schweizern besiegt worden ist und nach Ehr' und Gut in der Schlacht von Nancy 1477 auch noch das Leben verloren hat.

Für Friedrich III., der sich einer neuen Bedrohung durch den König von Ungarn, Matthias Corvinus, an seiner Südwestgrenze ausgesetzt sieht, ist damit zwar ein gefährlicher Gegner ausgeschaltet, aber die mächtigen Schweizer bedrohen jetzt die Hauslande der Habsburger. Er verhängt über Augsburg, das den Schweizern geholfen hat, die Reichsacht.

Aus dem Geschlecht der Vittel ist ein Bruder, nämlich Jörg, noch am Leben. Ihn ermutigt der Kaiser, die Stadt zu befehden.

1478 wird Schwarz abermals in den Hohen Rat gewählt. Jetzt versucht er, die Vormachtstellung des Patriziats endgültig zu brechen. Den sogenannten geringeren Zünften, welche von den armen Webern und von unzufriedenen Gesellen, die nicht Meister werden können, unterstützt werden, will er auf alle Zeiten eine Mehrheit im Rat sichern.

Parolen, die von den Hussiten stammen, laufen plötzlich auch in Augsburg um. Auch der Pfeifer im Taubertal soll seine Stichworte von versprengten und untergetauchten Hussiten soufliert bekommen haben. Armut ist Gott wohlgefälliger als Reichtum. Wem stand Jesus Christus näher, den Geldwechslern vor dem Tempel oder den Armen, von denen er sagte, sie würden das Himmelreich erben?

Zunächst noch sind die Machtgruppen im Rat und ihr mit Waffen versehener Anhang in der Bevölkerung etwa gleich stark. Hat zuvor Schwarz durch die Hinrichtung der Vittel-Brüder vollendete Tatsachen zu schaffen gewußt, so beweist nun die Partei der Patrizier und Großkaufleute, daß es auch ihr nicht an Kaltblütigkeit und Entschlossenheit mangelt, wenn es ums Ganze geht. Mit einem Haftbefehl, den der Kaiser unterschrieben hat, wird Schwarz aus einer Ratssitzung heraus verhaftet. Seine Anhänger werden durch kaiserliche Truppen, die die Stadttore sichern und das Rathaus besetzen, in Schach gehalten.

Schwarz und seine Parteigänger braucht man nur eine Nacht der Folter zu unterwerfen, und sie gestehen mehr, als es zu einem Todesurteil bedarf. Tags darauf werden Schwarz und Taglang, einer seiner Gefährten, in Anwesenheit einer großen Menge Schaulustiger am Galgen aufgeknüpft. Die Leichen läßt man 14 Tage hängen. Zur Abschreckung. Immerhin müssen auch noch die Toten von den kaisertreuen Truppen bewacht werden, denn unzufriedene und aufbegehrende Arme gibt es freilich in Augsburg auch weiterhin. Nur daß sie jetzt etwas leiser reden.

Noch ehe die Leichen ihrer beiden Anführer unter der Erde sind, wird Jos Ohnesorg, der Zweite Bürgermeister, dessen Klage gegen Schwarz' Schwiegersohn den Umschwung zugunsten der Patrizier in Gang gebracht hatte, mit eingeschlagenem Schädel tot vor den Toren der Stadt aufgefunden. Was Jakob in Italien gesehen hat: den Triumph von Gewalt beim Kampf um die Macht – es wiederholt sich in seiner Heimatstadt.

Den längeren Atem, die stärkeren Heerhaufen, die schlagkräftigeren Waffen, die bessere Bemäntelung ihrer Taten durch einen Rechtstitel haben immer noch jene, die das meiste Geld besitzen.

Mit Geld läßt sich fast alles kaufen: nicht nur Sicherheit, schöne Häuser, bessere Kleider. Auch der Kaiser, ein Haufen Söldner, die das häßliche und blutige Geschäft des Totschlagens der Aufbegehrenden erledigen, die Kirche, die ihren Segen dazu gibt, weil so die angeblich gottgewollte Ordnung, in Wahrheit aber auch die eigene Macht über alle Menschen erhalten bleibt.

Wenn Jakob auf Geld und die Geldwirtschaft setzt, so weiß er warum. Die Parole der Zukunft lautet: Geld regiert die Welt. Nur haben das noch nicht alle eingesehen, und das ist gut so.

Sein erstes großes Geschäft mit dem Geld und ums Geld bereitet er im Salzburger Land vor.

Dort gibt es Gold und Silber. Die Abbautechnik ist durch die Einsicht in die Gesetze der Mechanik stark verbessert worden.

Andererseits herrscht dadurch, daß nach dem Vorbild der Italiener immer mehr Handelsgeschäfte nicht im direkten Tausch von Ware gegen Ware, sondern mit Geld abgewickelt werden, eine große Nachfrage nach mehr und noch mehr Münzen. Das Recht, Münzen zu prägen, liegt beim Kaiser und bei den Landesfürsten. An die Münzrechte muß man heran. Mit der Ausweitung des Warenhandels, wie ihn Lukas anstrebt, ist es nicht mehr getan. Und wenn man über das Silber verfügt, kommt das Kupfer an die Reihe. Denn Kupfer braucht man, um Silbergeld zu strecken, um so noch mehr Geld daraus zu machen. In

Schlesien hat Jakob einen gewissen Johann Thurzo kennengelernt. Dieser Mann versteht es, abgesoffene Gruben durch Maschinen wieder begehbar zu machen. Außerdem hat er ein Verfahren entwickelt, um aus kupferhaltigen Bleierzen das Kupfer zu isolieren. Dieser Thurzo würde gern den noch primitiven Kupferbergbau in den Karpaten modernisieren. Aber dazu braucht er zunächst einmal Geld, um dem ungarischen König die Schürfrechte abzukaufen.

Jakob hat Ulrich für diese Investition zu interessieren versucht. Der hat abgewinkt. Die politische Situation sei zu unsicher. Eben nämlich hat der ungarische König dem deutschen Kaiser sogar seine Hauptstadt Wien abgenommen. Was nützt es, in den Karpaten Kupfer zu fördern, das man weder ins Reich bringen, noch an Venedig verkaufen kann.

Der König von Ungarn werde doch hin und wieder auch Münzen prägen, hat Jakob eingewandt. Aber Ulrich hat auf seiner Ablehnung beharrt. Mit den geringen Summen, die sich Jakob eventuell von seiner Mutter leihen könnte, ohne daß der Firmenchef etwas merken würde, ist Thurzo nicht geholfen. Also muß das Kupfergeschäft warten, bis das Silber erobert ist.

Durchbruch in Tirol

Nachdem Jakob von seinem Großvater mütterlicherseits sich in die politische und wirtschaftliche Situation in Tirol hat einweisen lassen, geht er sehr vorsichtig zu Werke. Seine ersten, noch unbedeutenden Gewinne macht er im Salzburger Land, indem er Schuldscheine für Kredite an Bergbauunternehmen in »Kuxe« umwandeln läßt. Das sind Anteilscheine, die ihn zum Mitbesitzer der Gruben machen. Es sind kleine und kleinste Firmen, also ist der Einsatz nicht allzu hoch. Gewisse Investitionen haben die Fugger dort schon früher getätigt. Andere Beteiligungen erwirbt er durch günstige Tips, die ihm Franz Bäsinger gegeben hat.

Die Silberbergwerke in Gastein, Rauris, Schladming und Rottenmann verkaufen ihr Silber hinüber nach Venedig. Dort ist man auf diese Lieferungen angewiesen: für die Münze, aber auch für das Juweliergewerbe. Den Transport und Verkauf kontrolliert die Kaufmannschaft der österreichischen Stadt Judenburg.

Plötzlich aber, im Jahre 1484, werden die Räume der Judenburger im Deutschen Handelshaus in Venedig diesen entzogen und den Fugger übergeben. Begründung: Sie seien die wichtigeren Partner.

Wie es Jakob gelungen ist, die mächtigen Transporteure aus dem Feld zu schlagen, bleibt ein Geheimnis. Vermutungen sind möglich.

Als Mitbesitzer kleinerer Bergwerke dürfte er darauf gedrungen haben, daß nicht die Judenburger mehr den Transport ausführten, sondern daß dieser über eine andere Firma lief, die ein Strohmann mit seinem Geld gegründet hatte. Darüber hinaus wird man auch auf der anderen Seite des Transportweges etwas nachgeholfen haben.

Die Einkünfte aus diesem Transportgeschäft ergeben das Kapital, um nun die Hand nach den Silberbergwerken von Tirol ausstrecken zu können.

Jeder weiß, daß der Herzog von Tirol ein baulustiger Herr ist und einen kostspieligen Hofstaat unterhält. Er lebt weit über seine Verhältnisse, bildet sich aber ein, sein Reichtum sei unbegrenzt, weil es in Tirol so viele Silbergruben gibt

Bergwerk. Holzschnitt des Petrarca Meisters, 1519/1520

und die Verpfändung seiner Einkünfte aus diesen ihm immer wieder zu Krediten verhilft. Ein Punkt wird erreicht, an dem hat schließlich der Herzog nichts mehr zu verpfänden. Also bleibt ihm nichts anderes übrig, als sich Geld von seinem Regierungsbevollmächtigten Anton von Roß zu leihen, der auch der Chef der staatlichen Finanzverwaltung von Tirol ist. Aber auch von Roß besitzt keine Bäumlein, von denen er Gulden schütteln könnte. Also muß er seinerseits borgen. Seine Geldgeber sind die Firma Gossembrot und der bayrische Kaufmann Hans Baumgartner – ein Konkurrent der Fugger in Augsburg.

Wo es gilt, den Gossembrots und Baumgartners ein Schnippchen zu schlagen, ist selbst Ulrich bereit, etwas Geld zu wagen.

Zunächst über einen Strohmann gelangen die ersten Kredite der Fugger an den Obristhauptmann Anton von Roß und über diesen an den Herzog. Aber damit allein ist das Spiel um Tirol nicht zu gewinnen. Da kommt Jakob die Politik zu Hilfe: Unter der Innsbrucker Kaufmannschaft herrscht eine zunehmende Verbitterung über die hochfahrende Haltung Venedigs. Er schürt diese Mißstimmung. Günstlinge Herzog Sigmunds von Tirol raten ihrem Herrn, doch einfach die wertvollen Bleigruben, die die Venetianer besitzen, zu beschlagnahmen. Sigmund wittert eine neue Geldquelle und schlägt zu.

Venedig reagiert so hart, wie es wohl niemand in Innsbruck erwartet hat. Es verhängt einen Handelsboykott gegen die Tiroler, die nun gar nicht mehr lustig sind.

Im Gegenzug konfisziert Sigmund Waren venezianischer Kaufleute, die auf die Bozener Messe gekommen sind.

Venedig schickt Truppen. Gegen die mächtige Stadtrepublik ist in einer kriegerischen Auseinandersetzung Tirol auf die Dauer ohne Chance. Außerdem beschweren sich nun die Tiroler Kaufleute, daß der einträgliche Handel nach Süden zum Erliegen gekommen ist. Also muß Sigmund nachgeben.

Die Friedensbedingungen, die ihm die andere Seite diktiert, sind hart. Der Tiroler bekommt seinen Frieden erst dann, als er bereit ist, 100 000 Gulden Schadenersatz zu leisten. Eine solche Summe kann der Herzog unmöglich allein aufbringen. Der Kaiser, mit dem er verwandt ist, kann ihm auch nicht unter die Arme greifen. Das ist der Moment, auf den Jakob Fugger gewartet hat.

Schon während des kurzen Krieges hat er dem Herzog einen Kredit von 10 000

Gulden eingeräumt. Seit Dezember 1485 ist der Regierungschef von Tirol, Anton von Roß, ihm stark verpflichtet. Er steht mit 8000 Gulden bei ihm in der Kreide. Jetzt aber soll der Fisch endgültig an die Angel.

Ehe der einzig zahlungskräftige Kreditgeber, der Bayer Hans Baumgartner, die gewaltige Summe für den Schadenersatz an Venedig beschaffen kann, hat sie Jakob Fugger aufgebracht. Er hat mit seinem Geschäftsfreund und Kunden Anton von Roß ein Konsortium gebildet, sich vielleicht auch von Ulrich oder aus anderen Quellen Geld beschafft. Dabei kommt ihm die Kreditwürdigkeit, die die Firma seiner Familie überall genießt, zugute.

Auch in den nächsten Jahren nimmt die Verschuldung Sigmunds beim Fugger ständig weiter zu. 1488 betragen seine Schulden schon 150 000 Gulden.

Die Konkurrenten der Firma fragen sich, wie die Fugger von der Lilie einen solchen Aderlaß auf die Dauer durchhalten können. Viele halten sich mit ihren Tirolgeschäften sogar noch zurück und machen somit das Feld für die Fugger frei, weil sie auf einen Zusammenbruch warten, der ihnen dann vielleicht sogar das ganze Land Tirol als Handelsware in die Hand spielen würde. Der Herzog ist kinderlos. Schon einmal, als er arg in der Klemme saß, hat er über Baumgartner ein Stück seines Landes abstoßen lassen.

Aber der große Knall bleibt aus. Die Fugger von der Lilie können erstaunlicherweise ihren Warenhandel in den fraglichen Jahren weiter ausdehnen. Jakob reibt sich die Hände, bewahrt Diskretion . . . und scheffelt Geld. Was geschieht?

Nun, er wäre freilich ein schlechter Kaufmann, wenn er sich bei Krediten in solcher Höhe nicht hätte Sicherheiten geben lassen . . . Sicherheiten, aus denen sich mehr Gewinn schlagen läßt als aus der Rückzahlung der geliehenen Summe samt Zinsen: Als Sicherheit hat sich Jakob vom Herzog das Schürfrecht für den größten Teil der Tiroler Silbergruben überschreiben lassen.

Kaum ist das geschehen, da werden dort technische Neuerungen durchgeführt. Die Produktion wird sehr rasch gesteigert.

Für irgendeinen Kredit ist auch die Kontrolle über die herzogliche Münze in Hall an Jakob Fugger bzw. Männer seines Vertrauens überschrieben worden. Durch welche geschickten, von Außenstehenden schwer durchschaubaren Manipulationen dieses Wunder vollbracht wurde, hat später Ernst Hering durch Einsicht in die entsprechenden Urkunden und Akten zu erklären gewußt:

»In vielen Urkunden ist überliefert, wie sich Sigmund als Schuldner der Fugger bekennt und die Tilgung seiner Schulden durch Silber und Silberwechsel verspricht. Wenn der Herzog die Schuld in Silber abzahlte, gab er das Metall, das er von den Gewerken um fünf Gulden für die Mark Silber erhielt, zum festgesetzten Preis von acht Gulden so lange an Fugger ab, bis die Anzahl der Mark Silber mit dem Preis malgenommen, die Schuldsumme erreichte. Überließ der Herzog dem Fugger den Wechsel, so löste dieser das Silber um fünf Gulden ein und ließ sich für seine Schuldforderung mit dem Wechsel, also mit dem Unterschied zwischen dem festgesetzten Silberpreis von acht Gulden und dem, was an die Gewerke gezahlt werden mußte (fünf Gulden) bezahlen.

Als er dem Herzog im Jahr 1488 eine Gesamtsumme von einhundertfünfzigtausend Gulden vorgestreckt hatte, wurden dreißigtausend zunächst in Monatsraten von fünftausend und die restlichen einhundertzwanzigtausend Gulden in Monatsraten von zehntausend Gulden gezahlt. Es ist berechnet worden, daß die Fugger bei diesem Zahlungsverfahren an den einhundertzwanzigtausend . . . durch den Verkauf von vierzigtausend Mark Silber nach Abzug aller Unkosten etwa 55 000 Gulden, also um 40 Prozent gewannen. Auch bei dem fürstlichen Schmelzwerk in Innsbruck hatten die Fugger Anrecht auf Silber.«

Wenn Jakob darauf achtet, daß die Gruben modernisiert werden, so deshalb, weil er genau weiß, daß diese so unerhört gewinnträchtigen Geschäfte nicht ewig dauern werden.

Zunächst blockt er Klagen anderer Kaufleute mit dem Hinweis ab, daß er ja im Gegensatz zu manch anderem keinen Zins nehme. Die Kritik wird lauter, als durchsickert, daß Jakob gewaltige Mengen schon geprägter Silberstücke mit Saumtieren außer Landes bringen läßt.

Er nützt die Tatsache aus, daß die Gulden in Süddeutschland viel weniger Silber enthalten als das Tiroler Geld. Die Münzen werden jenseits der Landesgrenzen wieder eingeschmolzen und unter einem größeren Zusatz nicht so kostbarer Metalle wieder neu geprägt. Das ist zwar verboten und kann, wenn es herauskommt, strenge Strafen nach sich ziehen. Aber da kaum einer der damaligen Landesfürsten, sofern er die Rohstoffe, das Münzrecht, die technischen Einrichtungen bzw. einen ihm treu ergebenen Münzmeister besaß, anders verfährt, dürften sich Jakobs Skrupel in Grenzen gehalten haben.

Er besitzt unterdessen genug Geld, um sich des Schweigens gewisser Leute und der Mitarbeit der besten Techniker zu versichern.

Mit der Zeit allerdings wird Jakob klar, daß er für solche Geschäfte eine bessere Rückendeckung braucht, als der verschwendungssüchtige Herzog Sigmund ihm bieten kann. Er hält Ausschau nach einem neuen Schutzherrn.

Schon lange blicken die Habsburger begehrlich auf das silberreiche Land Tirol. Es wäre eine hübsche Abrundung ihrer Hausmacht, die eine Familie, welche nun schon über lange Zeit die deutschen Könige und Kaiser stellt, gut gebrauchen könnte.

Friedrich III. hat mit seiner Heiratspolitik darauf gezielt, seinem Sohn Maximilian eigene Erbländer in den Niederlanden zu verschaffen. Das hat aber auch zur Folge gehabt, daß Maximilian sich im Kampf um die Mitgift seiner ersten Frau Maria im Nordwesten in immer neue Auseinandersetzungen mit seinem französischen Nachbarn und den wohlhabenden flandrischen Städten verwickelt sieht, während der Vater ziemlich glücklos im Südosten gegen den König von Ungarn kämpfen muß und schon eine neue Gefahr durch das Vordringen der Türken auf dem Balkan herannaht.

Friedrich III. weiß in diesen Jahren, daß er nicht mehr allzulange zu leben hat. Er will seinen Sohn, der inzwischen schon zum König gewählt worden ist, für die alten Stammlande der Habsburger interessieren.

Sigmund ist Maximilians Onkel.

Wenn er nur seinem Vergnügen an Jagd und Fischfang ungestört frönen kann, wird er wahrscheinlich bereit sein, zugunsten seines Neffen abzudanken. Ganz sicher ist das freilich nicht, denn es gibt auch noch andere Mächte und Kräftegruppen, die begehrliche Blicke auf Tirol werfen. Venedig scheidet aus. Ihm würde die Bevölkerung wie auch die Kaufmannschaft entschiedenen Widerstand entgegensetzen. Aber auch das Herzogtum Bayern grenzt an Tirol. Da sind Fäden geknüpft, Gespräche geführt worden. Hat Sigmund in seinem zahlungskräftigen Nachbarn schon jemanden gefunden, der sein Land abkauft? Gewiß auch würde die Firma Baumgartner gern als Makler bei einem solchen Geschäft auftreten, bei dem von beiden Seiten eine nicht zu verachtende Provision winkt.

Jakob, der früh gelernt hat, was Informationen wert sein können, ist über all dies genau im Bilde. Zwar ist er noch mit der Abwicklung seines Silbergeschäftes hinreichend ausgelastet, aber er sieht auch: Es bleibt ihm gar keine Wahl, er muß sich nun auch in der großen Politik engagieren. Ohnehin ist das Haus Fugger von der Lilie, das inzwischen die Linie derer vom Reh an Steueraufkommen überflügelt hat, durch Kredite mit Maximilians Schicksal eng verbunden.

1488, als Maximilian von Bürgern von Brügge kurzerhand als Geisel festgesetzt worden ist, haben sie das Heer mitfinanziert, mit dem der König von seinem Vater wieder herausgehauen wurde.

Im Jahr darauf, 1489, trifft Jakob Fugger mit Maximilian auf der Frankfurter Messe zusammen.

Jakob weiß, in welche schwierige Situation Lukas Fugger vom Reh durch ein Geschäft mit Maximilian geraten ist. Lukas, der in diesen Jahren vor allem mit Seide, Wollstoffen und Spezereien handelt, hat Maximilian 10 000 Gulden geliehen. Dieser hat ihm dafür als Pfand die Stadt Löwen in Brabant überantwortet.

Ein Leichtsinnsgeschäft nach Jakobs Meinung, denn es war vorauszusehen, daß Löwen, das durch den Tuchhandel reich geworden ist, dem nun aber Brügge, Gent und Antwerpen starke Konkurrenz machen, keinen Grund sehen dürfte, gewissermaßen die eigene Haut für Maximilian zu Markte zu tragen. Da mag der früher immer so hochnäsige Lukas nun sehen, wo er bleibt.

Jakob bespricht mit Maximilian und dessen Räten, wie sich der Machtwechsel in Tirol ohne viel Aufhebens und Blutvergießen vollziehen läßt. Die Zusagen, die er für seine guten Dienste in dieser heiklen Angelegenheit verlangt, sind derart, daß er bei der Aktion kein allzu hohes Risiko eingeht.

Für seine Hilfe hinter den Kulissen bei der Vorbereitung eines unblutigen Staatsstreiches in Tirol wird Maximilian Sigmunds Schulden bei Fugger in Höhe von 46 000 Gulden übernehmen. Da nun Maximilian auch kein Geld hat, werden diese Schulden durch Silberlieferungen in zweiundvierzig Monatsraten getilgt werden. Die Mark Silber wird dabei zu acht Gulden gerechnet.

Im Gegensatz zu Lukas, der sehen mag, wie man eine ganze Stadt zu Geld macht, ohne ein Heer gegen sie aufzubieten, ist Jakobs Pfand, die Silbergruben von Tirol, fest in seiner Hand.

Mehr noch, er hat die gesamte Beamtenschaft Tirols auf seiner Seite. Seit die Fugger die Hauptgläubiger des Herzogs sind, werden die Gehälter und Löhne pünktlich bezahlt, und selbstverständlich möchten Beamte und Angestellte, daß dies weiter so bleibt. Im Grund genommen stehen sie alle beim Haus Fugger in Lohn und Sold. Hinter den Kulissen sind Jakob und seine Brüder längst die wahren Herrscher des Landes Tirol.

Jakob und seine Brüder?

Ja doch: So sagen die Leute jetzt immer öfter, mag auch offiziell Ulrich noch immer der Firmenchef sein.

Am 16. März 1490 steht König Maximilian zusammen mit Sigmund vor den Landständen von Tirol, der Vertretung des Adels. Sigmund ist völlig ahnungslos, was gespielt wird. Er denkt an eine Huldigung des deutschen Königs, bei dem auch etwas Glanz auf ihn, den Onkel, fallen wird. Er liebt Glanz.

Aber statt blumiger Komplimente wird harsche Kritik laut. Alle Sprecher spielen ganz offen auf die Mißwirtschaft und die Unfähigkeit des Landesherrn an. Noch am selben Tag dankt Sigmund zugunsten Maximilians ab. Der Ruhestand wird ihm von seinem Neffen durch die Zahlung einer Rente von zweiundfünfzigtausend Gulden und durch das Privileg, bis zu seinem Lebensabend in seinem Land überall und jederzeit jagen und fischen zu dürfen, angenehm gestaltet.

Von nun an ist und bleibt Jakob der Hausbankier der Habsburger, ein Amt, dessen Schattenseiten er schon bald kennenlernt.

1491 fordert Maximilian von ihm eine Anleihe in Höhe von 200 000 Gulden . . . und erhält sie. Der König hat inzwischen das unter seinem Vater verlorengegangene Ungarn wiedererobert, was Jakob gewisse Perspektiven im Hinblick auf einen Einstieg in den Kupferhandel eröffnet.

Maximilian ist nun im Begriff, seinen alten Widersacher, den König von Frankreich, durch Bündnisse mit Spanien und England regelrecht einzukreisen. Kein Herrscher wäre zu solchen Bündnisverträgen bereit, wenn nicht dabei ein Vorteil für ihn mit heraussspränge. Kurzum, die Allianz muß mit Schmiergeldern oder großzügigen Geschenken an die Räte der ausländischen Könige und neuen Verbündeten erkauft werden.

Kaiser Maximilian I. Holzschnitt v. Albrecht Dürer, 1519

IMPERATOR
DIVVS MAXI
PIVS FELIX

CAESAR
MILIANVS
AVGVSTVS.

Maximilians Vorgriffe auf künftige Staatseinnahmen aus dem Silberbergbau stellen bald schon die skandalösen Praktiken seines Onkels noch weit in den Schatten.

Und nun beginnt ein Spiel mit Pressionen und Finten zwischen König und Kaufmann, das nimmer aufhört.

Als Jakob sich bei weiteren Kreditwünschen des Königs eher zögernd zeigt, nimmt Maximilian Verhandlungen mit den wichtigsten Konkurrenten der Firma, mit den Gossembrots in Augsburg und den Baumgartners in Kufstein, auf. Jakob ist zunächst so empört, daß er erwägt, sämtliche Geschäftsbeziehungen zum Haus Habsburg abzubrechen. Diesmal verkündet er seinen Zorn und die denkbaren Konsequenzen recht lautstark, was sonst nicht seine Art ist.

Auch Maximilian ist zunächst offenbar bereit, es auf einen Bruch ankommen zu lassen. Er ist ein stolzer Mann. Er betont gern seine Freude an Ritterspielen und seine Neigung zu Kunst und Wissenschaft. Er fühlt sich diesem Geldhändler haushoch überlegen. Vielleicht erinnert er sich auch daran, wie er als Junge zu dem Buch gekommen ist, das ihm Jakob nicht freiwillig hat verehren wollen. Bald aber muß er einsehen, daß er sich gar nicht leisten kann, seine ausgeprägt habsburgische Nase allzu hoch zu tragen. Die hohen Beamten Tirols singen wieder einmal das Loblied der Fugger. Einen Hausbankier wie Jakob, versichern sie, werde Maximilian so leicht nicht wieder finden. Auch die königlichen Räte schließen sich, wenngleich etwas gemessener, solchem Zureden an.

Wie es zu soviel Lob kommt, interessiert Maximilian nun doch. Der König findet schließlich heraus, daß jeder dieser Lobredner schon über eine gewisse Zeit hin Gelder erhalten hat, die nur ein Übelwollender als Bestechungsgelder bezeichnen würde.

Da kommt es zu einer Aussprache unter vier Augen.

Jakob ist sehr höflich. Niemand könnte ihm nachsagen, daß er es an dem nötigen Respekt gegenüber seinem König habe fehlen lassen.

Nachdem eine Weile Phrasen ausgetauscht worden sind, macht Jakob eine Handbewegung, als wolle er etwas vom Tisch fegen. »Majestät, machen wir uns doch nichts vor. Warum sich gegenseitig Schwierigkeiten bereiten, da einer ohne den anderen nicht auskommt . . .«

Maximilian sieht ihn entgeistert an. Er hat diesen Pfeffersack unterschätzt. Der redet, als sei er der König von Frankreich oder der König von England. Es ist keine Unverschämtheit im Tonfall seiner Sätze, eher eine schon penetrante Nüchternheit.

»Ich brauche Eure Huld«, fährt Jakob fort, »aber Ihr werdet auch immer wieder unsere Kredite brauchen.«

Dies ist, wie jeder zugeben wird, die vernünftigste Basis, um hinfort miteinander umzugehen. Man wird sich nicht immer auf dieser Basis bewegen, aber doch immer wieder zu ihr zurückkehren. Nach dem Motto: Eine Hand wäscht die andere.

Zunächst ist festzustellen, daß nach diesem Krach die Kredite der Fugger von der Lilie an den König wieder üppiger fließen. Jakob ist es, der Maximilian das Geld verschafft, um ein Stück habsburgischen Territoriums zurückzukaufen. 14 200 Gulden für die Burgau.

Jakob zahlt Maximilians Schulden in Rom: 4000 Gulden, und beim Schwäbischen Bund, einem Schutzverein der Städte gegen übermütige Ritter und meuternde und plündernde Bauern: 3000 Gulden. Schließlich verschafft er ihm auch noch – monatlich! – 10 000 Gulden. Freilich fließen derweil auch die Einnahmen aus den Silbergeschäften in Tirol für Jakob und seine Brüder munter weiter.

Und auch bei anderen Transaktionen achtet Maximilian darauf, daß sein Hausbankier hinfort bei guter Laune gehalten wird. So veranlaßt er beispielsweise mit sanften Druck den schärfsten Konkurrenten der Fugger, die Firma Baumgartner, 34 000 Zentner Kupfer weit unter dem üblichen Marktpreis, nämlich für nur 142 000 Gulden an seinen Hof zu liefern. In Verrechnung gegen irgendwelche Schulden gelangt diese Ware aber tatsächlich an die Fugger, die sie für 156 800 Gulden an Venedig weiterverkaufen.

Bei solchen Geschäften springt auch noch für Maximilian etwas heraus, weil nämlich Jakob dem König einen Teil des Preises für die so günstig erworbenen Waren in bar auszahlt und nur der Rest gegen Schulden verrechnet wird. Hans Baumgartner aber wird für seine unter Marktwert hergegebenen Waren keineswegs vom König in bar bezahlt, sondern muß sich mit Versprechen auf Lieferungen aus den Silberbergwerken Tirols begnügen. Man kann sicher sein, daß auch Baumgartner bei diesem Handel verdient hat. Allerdings dürfte seine Profitrate niedriger gewesen sein als die des Jakob Fugger.

Während er durch seine »Metallgeschäfte« hoch hinaufgetragen wird und nun schon daran denken kann, darauf zu dringen, daß sich sein Prestige auch in einem veränderten Gesellschaftsvertrag der Brüder ausdrückt, gerät der Fugger vom Reh endgültig an den Rand des Abgrunds.

Was bei nüchterner Betrachtungsweise vorherzusehen gewesen wäre, tritt nun ein. Lukas Fugger I. vom Reh hat sich übernommen. Die Stadt, die ihm verpfändet ist, denkt nicht daran, für die Schulden des Königs zu bluten, mag Maximilian schließlich auch die Reichsacht gegen sie verhängen. Das ist ein Bannfluch, der recht großartig klingt. Hinter ihm aber steht keine Macht, die ihn vollstrecken könnte. 10 000 Gulden verliert Lukas Fugger vom Reh durch Beraubung eines Silbertransportes seiner Firma, der nach Venedig unterwegs ist.

Als es sich herumspricht, welche Ebbe durch diese Vorgänge in der Kasse entstanden ist, fordern die kleinen Einleger ihre Gelder zurück. Lukas' Söhne aus erster und zweiter Ehe verlangen vom Vater die Auszahlung ihres Erbes. Bei einer solchen Auseinandersetzung soll Lukas II. auf seinen Vater sogar mit dem Messer losgegangen sein und ihn schwer verletzt haben.

Enttäuscht von aller Welt flieht Lukas Fugger I. vor seinen Gläubigern zunächst in sein Heimatdorf Graben am Lech. Dort besitzt er noch einige Grundstücke, Äcker und Wiesen. Aber auch sie werden ihm schließlich weggenommen. Nicht ohne stillen Triumph hat Jakob Fugger sie über Mittelsleute aufkaufen lassen. Lukas Fugger I. vom Reh ist zur Unperson geworden. Nicht einmal sein Todesdatum wird in der Fuggerchronik verzeichnet. Die Nachrichten über seine Nachkommen sind spärlich. Zu mehr als höchst bescheidenem Wohlstand haben sie es nie mehr gebracht. Sie verlassen Augsburg, ziehen nach Nürnberg, nach Regensburg, bis nach Polen. Jakob beobachtet den endgültigen Untergang des schon lange leckgeschlagenen Schiffes ohne Mitleid. Er sieht darin höchstens ein Menetekel, einen Wink des Schicksals, eine Belehrung.

Man darf es nie dazu kommen lassen, von anderen abhängig zu sein. Dies ist nicht nur die harte Spielregel in dieser Familie. Es ist auch die harte Spielregel dieser Branche.

Schritt aus dem Schatten

Kupfer

Wenn Jakob Fugger Ende der 80er Jahre seine Lage bedenkt, kann er mit sich zufrieden sein. Seinen Brüdern Ulrich, dem Chef des Hauses, und Georg, der weiterhin die wichtige Faktorei in Nürnberg leitet und von dort aus den Handel nach Osten und Nordosten organisiert, hat er bewiesen, daß seine gewagten Manöver im Montangeschäft phantastische Gewinne abwerfen. Er hat sich dem neuen Herrscher – seit 1486 ist Maximilian deutscher König, 1493 stirbt sein Vater, und er übernimmt endgültig und alleinverantwortlich die Regierungsgeschäfte – unentbehrlich gemacht, ihm aber auch bewiesen, daß die Rolle eines Hofbankiers nicht mit der eines Lakaien verwechselt werden darf.

Mit den eigenen Erfolgen hat sich seine stille Wut gegenüber seinen älteren Brüdern etwas gelegt. Nicht, daß er das vorgestellte »Wettrennen« ganz vergessen hat. Nicht, daß er sich mit seiner Rolle als »Kleiner«, der den zweiten oder dritten Platz einnehmen soll, abgefunden hätte. Aber er hat gelernt, freundlich und kollegial mit Ulrich umzugehen, ohne deswegen sein Ziel aus den Augen zu verlieren. Er ist inzwischen ein viel zu geschickter Taktiker geworden, um nicht klar einschätzen zu können, daß ein zu rascher Griff nach der führenden Rolle im Handelsgeschäft der Fugger nur unnötige interne Komplikationen heraufbeschwören würde.

Kaum floriert das Silbergeschäft in Tirol, da entschließt er sich zu einer weiteren komplizierten Operation. Er hat in Venedig gesehen, welche sicheren Einnahmen Kaufleuten zufließen, wenn sie den Handel mit einer bestimmten Ware ganz allein beherrschen. Dann sind sie in der Lage, den Preis der entsprechenden Ware nach eigenem Gutdünken festzusetzen, noch dazu, wenn es sich um eine Ware handelt, nach der eine große, ständig anhaltende Nachfrage besteht. Eine solche Alleinherrschaft auf dem Markt nennt man Monopol.

Es ist konsequent, daß Jakob nach seinen Erfahrungen, die er im Bergwerks-, Hütten- und Münzwesen bei seinem Coup in Tirol hat sammeln können, nun daran geht, systematisch das Monopol auf die Förderung von Kupfer und beim Verkauf dieses Metalles für die Fugger zu erringen.

Gold ist rar in Europa. Neben Silber ist Kupfer nicht zuletzt deswegen ein so begehrter Rohstoff, weil er zur Herstellung der damals modernsten Waffe, der Kanone, gebraucht wird. Die Kanonenrohre dieser Zeit bestehen aus einer Kupferlegierung. Sie sind nicht sehr haltbar. Wenn man aus einem Rohr eine gewisse Anzahl von Schüssen abgegeben hat, treten Risse auf. Man muß ein neues Rohr gießen. Auch die Kugeln für die Geschütze werden aus einer Kupferlegierung hergestellt. Zehn Pfund Kupfer krepieren bei jedem Schuß. Hinzu kommt die Bedeutung von Kupfer im Münzwesen. Und noch eines ist zu bedenken: Im ganzen Mittelmeerraum gibt es zu dieser Zeit kaum Kupferminen. Wer also in Venedig Kupfer auf den Markt bringt, bietet damit eine außerordentlich gefragte Ware an.

Nun gibt es im Tauerngebiet und in Tirol einige Kupfergruben. Einen gewissen Einfluß besitzen die Fugger bei der Kupferförderung in diesen beiden Gebieten bereits.

Aber von daher das Monopol anzustreben, ist nicht möglich. Die Konkurrenten sind auf der Hut, nachdem sich die Höhe der Gewinne der Fugger im Silbergeschäft herumgesprochen hat. Die anderen werden sich hüten, tatenlos zuzusehen, daß die Fugger auch noch den Kupferbergbau im Tiroler Land an sich bringen. Zumindest würde man für einen solchen Coup sehr viel Geld aufwenden müssen. Wenn nämlich die Besitzer der Bergwerke hören, daß sich mehrere mächtige Kaufleute darum streiten, Beteiligungen bei ihnen zu erwerben, werden die Preise für einen solchen »Einkauf« rasch steigen.

Da erinnert sich Jakob an seine Bekanntschaft mit jenem Johann Thurzo, den er während seiner »Lehrreise« getroffen hat. Es fällt ihm nicht schwer, über die Nürnberger Faktorei, die freilich über genaue Kenntnisse in Osteuropa verfügt, den Kontakt zu Johann Thurzo wieder aufzunehmen.

Thurzo ist Bergbauingenieur aus Leidenschaft. Der Handel mit dem Metall

Georg Thurzo. Silberstiftzeichnung v. Hans Holbein d. Ä., Anfang 16. Jh.

interessiert ihn weniger. Er versteht sich auf die sogenannte »Wasserkunst«. Das heißt, er hat Verfahren entwickelt, um die gefährlichen Einbrüche von Grundwasser in den Gruben, die in den Anfangszeiten des Silber- und Kupferbergbaus Tausenden von Bergknappen das Leben gekostet haben und ergiebige Stollen unbegehbar machten, aufzufangen und abzuleiten.

Er ist zunächst im Harz tätig gewesen und hat in dieser Zeit eine Technik entwickelt, durch die man bei kupferhaltigem Bleierz das Blei und das Kupfer voneinander trennen kann.

1475 haben ihn wohlhabende Städte in das zu Ungarn gehörende Karpatenland geholt, damit er abgesoffene Gruben auspumpe. Um aber die Kupferförderung und den Vertrieb des aus den Erzen gewonnenen Metalls im großen Stil zu organisieren, hat es ihm immer an Kapital gefehlt.

Und es gibt noch andere Probleme. Ungarn selbst und die angrenzenden Länder bilden einen zu kleinen Markt, um größere Mengen von Kupfer gewinnbringend abzusetzen. Der Weg von Ungarn zum Mittelmeer, wo sich gute Preise erzielen lassen, ist durch die Türken versperrt, die sich anschicken, den ganzen Balkan zu erobern. Man muß also neue Transportwege herausfinden, um das Metall dorthin zu schaffen, wo es dringend gebraucht wird und die Abnehmer entsprechend hohe Preise zahlen.

Wenn Johann Thurzo in den Jahren, die zwischen seiner ersten Begegnung mit Jakob und dem nun stattfindenden Gespräch liegen, nicht selbst zum Montangroßkaufmann geworden ist, sind daran ebenfalls die politischen Ereignisse am südöstlichen Rand des Heiligen Römischen Reichs Deutscher Nation schuld.

Da gibt es den Ungarnkönig Matthias Corvinus, der jahrelang gegen den deutschen Kaiser Friedrich III. Krieg führte, ja, diesen 1485 aus Wien vertrieben hatte. Erst nach dem Tod von Matthias hat das Haus Habsburg nach einem erfolgreichen Feldzug im Jahre 1490 wieder seine Ansprüche auf Ungarn erfolgreich geltend machen können. Auf den Thron gekommen ist in Ungarn das Geschlecht der Jagellonen, allerdings nur nach dem Versprechen, daß das Land, sofern der neue König keinen eigenen Erben hat, an den deutschen König zurückfallen wird.

Das sind günstige Zukunftsaussichten. Somit kann Jakob seine Brüder bewegen, Investitionen in dieser Gegend zu wagen, von der man in Augsburg im übrigen die Vorstellung hat, dort sagten sich Hase und Fuchs gute Nacht und es gäbe vielleicht in jenen Waldgebirgen tatsächlich Vampire.

Um das Jahr 1490 trifft sich Jakob heimlich mit Johann Thurzo in Krakau, um mit dem Ingenieur den Einstieg ins ungarisch-slowakische Kupfergeschäft zu besprechen.

Thurzo macht ihm klar, daß immer noch äußerst behutsam verfahren werden müsse. Geld brauchen die Bergwerksbesitzer alle. Aber aus den Zeiten des erst kürzlich beendeten Krieges herrscht Mißtrauen gegen die Deutschen.

Nun, das scheint Jakob ein Problem, das sich leicht lösen läßt. Warum nicht eine Gesellschaft gründen, an der die Fugger lediglich als stille Teilhaber beteiligt sind?

»Eine solche Gesellschaft verstieße aber gegen die gesetzlichen Vorschriften des Landes«, hält ihm Thurzo vor.

»Wie praktisch für Euch«, erwidert Jakob, »da bleibt uns also überhaupt nichts anderes übrig, als Euch ohne Gesellschaftsvertrag unser Geld anzuvertrauen.«

»Ich bin vor allem Techniker«, sagte Thurzo, »was den Handel angeht, den Absatz der Ware, würde ich ohne Eure Mithilfe jenseits der Grenze verraten und verkauft sein.«

»Trotzdem bleibt da ein hohes Risiko. Es wäre mir lieb, auch im Hinblick auf meine Brüder, wenn es sich verringern ließe. Unser Prinzip ist: Vertrauen ist gut und schön. Sicherheiten sind besser.«

»Ich denke«, antwortet Thurzo, »es dürften sich Mittel und Wege finden lassen, trotz der gesetzlichen Bestimmungen Euren Faktor in Breslau, Kilian Auer, als Mann Eures Vertrauens als Teilhaber in eine zu gründende Gesellschaft aufzunehmen.«

»Sieh da. Nun also doch?«

»Herr Fugger . . . ich muß Euch nicht erklären, daß man Gesetze auch umgehen kann.«

»Es würde uns also ein kleineres Handgeld kosten.«

»Ein größeres Handgeld.«

»Nun gut. Mir fällt gerade noch eine zusätzliche Möglichkeit ein, wie wir uns gegenseitig versichern könnten. Die älteste Tochter meines Bruders Ulrich . . . gewiß . . . noch ist sie ein halbes Kind . . . ich würde mich gern Eures Ja-

Wortes als Vater zu einer Eheschließung mit Eurem Sohn Georg versichern.«

»Es wird uns eine Ehre sein, wenn sich die beiden Familien derart auch verwandtschaftlich verknüpfen.«

»Nun gut. Jetzt hört, wie ich mir die Lösung des Transportproblems gedacht habe. Das geförderte Erz soll an Ort und Stelle verhüttet werden. Das Metall bringt man dann auf Karren nach Krakau. Von dort über die Weichsel nach Danzig und per Schiff nach Hamburg und Antwerpen. Alles, was sich dort nicht absetzen läßt, kann nach Frankreich, Spanien und Portugal, unter Umständen über das Mittelmeer sogar weiter nach Neapel und nach Rom gebracht werden.«

Das seien lange Wege, meint Thurzo.

»Ihr werdet hoffentlich auch viel Erz fördern. Wir gehen mit diesem Geschäft aufs Ganze. Seid Ihr Euch dessen bewußt? Traut Ihr Euch überhaupt zu, die Ausbeute derart zu steigern, wenn wir die Gruben erst einmal gepachtet haben und die Schmelzen stehen?«

»Ich schmeichle mir, der Mann zu sein, der im Augenblick in ganz Europa die besten Kenntnisse vom Bergbau besitzt.«

»Entsprechend werden Eure Forderungen sein, nennt sie?«

»Fünfzig Prozent Gewinnbeteiligung.«

»Ein stolzes Wort für jemanden, der zugibt, daß er kein Kaufmann ist.«

»Habt Ihr eine Ahnung von Erzgruben?«

Jakob lacht. »Ihr gefallt mir.«

Das Geschäft ist perfekt.

Zwei, drei Jahre hin, und die Mehrzahl der kleineren Gruben um Kremnitz, Neusohl, Schemnitz, Königsberg, Dilln und Libethen arbeiten für die Fugger, ohne daß die Besitzer etwas davon ahnen. Thurzo hat die Pachtverträge auf seinen Namen geschlossen.

Wie ein Blitz aus heiterem Himmel schlägt in die Vorbereitungen zur Eroberung des Kupfermonopols in Europa die Nachricht von der Entdeckung der Neuen Welt. Lohnt es sich nun überhaupt noch, in der Slowakei und in Ungarn weiter zu investieren?

Thurzo beruhigt Jakob und seine Brüder. Er hat sich umgehört. Vorerst ist selbst am spanischen Hofe nichts von Silber- oder Kupfervorkommen bekannt, so sehnlich man solche Funde herbeiwünscht. Und sollten in Amerika Bodenschätze entdeckt werden, wird es Jahrzehnte dauern, ehe man die Fundstätten systematisch ausbeuten kann.

1490 schon hat Jakob über den Fürstbischof von Bamberg das Schloß Fuggerei erworben. Nun wird es zu einer Kombination aus Steigerhütte, Hammerwerk, Messinggießerei, Kanonenfabrik und Trutzburg umgestaltet. Hinzu kommt 1495 ein großes Schmelzwerk bei Hohenkirchen am Nordhang des Thüringer Waldes.

Innerhalb von zehn, höchstens zwölf Jahren schafft Jakob Fugger, während sich seine Brüder weiter um die anderen, ebenfalls florierenden Geschäftszweige des Hauses kümmern, die nötigen Voraussetzungen, um einmal in der Lage zu sein, den gesamten europäischen Kupferhandel zu kontrollieren.

In dieser Aufbauphase stellt das Haus die ungeheuerliche Summe von 1 064 499 Gulden zur Pachtung von Bergwerken, zur Modernisierung der Gruben, zur Ausbesserung von Straßen und deren Absicherung durch Schutzbriefe und Privilegien zur Verfügung.

Daß diese Summe im wahren Sinn des Wortes ungeheuer ist, wird vielleicht erst klar, wenn man bedenkt, daß sich das Haus in dieser Zeit auch ständig den Kreditwünschen des Königs Maximilian willfährig erweisen muß und sich der König auf zahlreiche kostspielige politische Unternehmen einläßt. Selbst noch die Gesandtschaft, die für den König um die Hand der reichen und mitgiftschweren Mailänder Fürstentochter Bianca Sforza anhält, muß von den Fugger mit Reisegeld versehen werden. Allerdings geht später dann auch die Überweisung der Mitgift durch deren Bücher.

Mehr als einmal kommt es vor, daß Maximilian völlig abgebrannt ist und die Fugger für seine Schulden in Auslage treten müssen.

Auch wenn man nachweisen kann, daß die Gewinne aus dem Kupfer- und Silberhandel beträchtlich gewesen sind, bleibt bei den Nachforschungen über die Liquidität des Hauses ein Bereich des Rätselhaften. Der renommierte Fugger-Forscher Götz Freiherr von Pölnitz, dem in unseren Tagen Einblick in die Familienpapiere gewährt worden ist, schreibt:

»Die volle Aufklärung dieses Rätsels ist, obwohl es in mancher Beziehung gelüftet wurde, bisher nicht geglückt. Woher die Fugger um 1494 das Geld für ihre Vorhaben holten, läßt sich heute allerdings klarer umschreiben als vor zwanzig Jahren. Möglicherweise harrt aber die Herzkammer ihrer wirtschaftlichen Organisation noch immer der Entdeckung.«

Zur Vervollständigung der Marktbeherrschung wird es nun, nachdem der Aufbau in Ungarn abgeschlossen ist, auch nötig, daß Jakob den Export von Kupfer aus Tirol unter seine Kontrolle bekommt. Genau bei der Einführung dieses letzten Bausteins in sein Kupfer-Imperium passiert aber das Malheur.

Durch seine zweite Frau, die Mailänderin, ist Maximilian in Italien in kriegerische Konflikte mit dem französischen König verwickelt worden. Sein Finanzierungsversuch mit dem sogenannten »Gemeinen Pfennig«, einer Kopf- und Vermögenssteuer, die jeder Bürger im Reich zahlen soll und die 1495 auf dem Reichstag in Worms beschlossen worden ist, scheitert letztlich daran, daß sich verschiedene Territorien einfach weigern zu zahlen und der Einzug über die Pfarreien sich nicht bewerkstelligen läßt.

Also bleibt dem König nichts anderes übrig, als sich wiederum Gelder von Großkaufleuten zu borgen.

Zu diesem Zweck lädt er 1497 alle mächtigen Handelsherren, nämlich Georg Gerwart, Franz und Hans Baumgartner und die Brüder Gossembrot nach Füssen ein. Natürlich ist auch Jakob Fugger zu diesem Gespräch gebeten worden. Die Fugger haben eben erst für den Transport der habsburgischen Truppen von Genua nach Pisa in Auslage treten müssen. Jetzt ist wieder einmal ein Punkt erreicht, an dem sie meinen, sich sperren zu müssen, mag der König ihnen auch durch seine Boten in Augsburg haben ausrichten lassen:

»Tut allen Fleiß, es gilt jetzt Leib und Seele.« Übersetzt heißt das: Das Wasser steht mir bis zum Hals. Wehe, ihr laßt mich jetzt im Stich.

Besonders hat es Jakob gekränkt, daß der Bote weiter ausgerichtet hat: Entweder bewillige man seinem Herrn abermals einen hohen Kredit, oder der König werde die Zinszahlungen auf alte Schulden einstellen und den Handel in ganz Süddeutschland sperren. Das heißt, dem Huhn, das goldene Eier legen soll, das Fressen verbieten.

Was es bedeutet, daß er zusammen mit seiner gesamten Konkurrenz nach Füssen geladen ist, kann sich Jakob auch leicht ausrechnen. So entschließt er sich seinerseits, Maximilian die kalte Schulter zu zeigen. Erst zehn Tage nach Beginn der Verhandlungsrunde dort erhält der König eine Botschaft: Die Brüder Fugger bedauerten unendlich, aber sie sähen sich nicht in der Lage, in Verhandlungen über eine weitere Anleihe einzutreten.

Die anderen Kaufleute zucken zusammen. Wenn die Fugger ablehnen, wird es mit der Kreditwürdigkeit Maximilians nicht weit her sein. Aber sie wären keine guten Geschäftsleute, wenn sie nicht sogleich versuchten, aus dieser Krise für sich Kapital zu schlagen.

Das Kupfer aus Ungarn und Kärnten, das zu dieser Zeit schon ins Reich kam, ist ihnen ein Dorn im Auge. Wie wäre es mit einem Bündnis der Fugger-Geschädigten gegen Fugger?

Dem König schlagen sie vor, einfach die Fuggerei zu konfiszieren, vielleicht auch noch die Hand auf die Schmelze in Thüringen zu legen.

Sie wissen: Maximilian steht das Wasser bis zum Hals. Vielleicht läßt er sich dazu verlocken, diesen Schritt zu tun, der die verdammte Konkurrenz ein für allemal zu Boden werfen würde.

Jakob hört von diesen Plänen. Das sind keine leeren Drohungen. Er reist eiligst nach Innsbruck, wo sich Maximilian nun aufhält, um diesen zu besänftigen.

Zu spät. Tief gekränkt über die Brüskierung hat der König schon die Schließung aller Kupferschmelzen um Villach verfügen lassen.

Als Jakob sich auf dem Rückweg mit seinem Bruder Georg in Nürnberg trifft, erlebt der Ältere den Jüngsten zum erstenmal tief deprimiert.

»Wenn er nun auch noch Hohenkirchen schließen läßt, sind wir verloren«, sagt Jakob erregt.

»Man muß sich hinter den Landesherren stecken«, rät Georg.

Jakob scheint gar nicht zuzuhören. »Du hättest Maximilian erleben sollen«, klagt er weiter, »er zeigte sich gegenüber jedem vernünftigen Argument taub.«

»Jakob«, sagt Georg eindringlich, »ein Handgeld für den Herzog von Sachsen und den Fürstbischof . . . so etwas tut Wunder.«

Ein Wunder müßte jetzt auch geschehen, denkt Jakob und macht ein mürrisches Gesicht.

Und das Wunder geschieht. Das Handgeld – in welcher Höhe, ist nicht bekannt – bewirkt, daß der Herzog von Sachsen einen Protestbrief an Maximilian schreibt und der Fürstbischof sogar droht, die Sache vor den Reichsständen zur Sprache zu bringen, falls der König Hohenkirchen antastet.

Auf das Wohlverhalten der Reichsstände ist der König angewiesen. In diesem Gremium sind außerdem gerade um diese Zeit Bestrebungen im Gange, im Zuge einer Reichsreform durch Einsetzung einer ständigen Reichsregierung die königlichen Machtbefugnisse weiter einzuschränken.

Und noch ein weiteres politisches Ereignis trägt dazu bei, daß Maximilian schließlich einlenkt: Es läßt sich absehen, daß er gegen die Eidgenossen mit kriegerischen Mitteln wird vorgehen müssen.

Am Ende sehen König und Fugger wieder einmal ein, daß sie aufeinander angewiesen sind. Man schließt einen Kompromiß, bei dem alle Beteiligten etwas gewinnen.

Die reichen Handelsherren vergessen, daß sie Konkurrenten sind. Sie finden sich zu einem Konsortium zusammen und gewähren Maximilian eine Anleihe von 150 000 Gulden. Dieser tritt ihnen dafür die Schürfrechte für alle Kupfergruben in Tirol ab und hebt die Beschlagnahmung der Fuggerschen Kupferhütten in Kärnten auf.

Die Konkurrenten von gestern und morgen schließen ebenfalls einen Vertrag. Von nun an wollen sie geschlossen auf dem wichtigsten Markt für Kupfer in Venedig auftreten.

Das erste Kartell in der europäischen Wirtschaftsgeschichte ist perfekt. So werden sie den Preis für Kupfer in die Höhe treiben können. Den zu erwartenden fetten Gewinn wird man sich teilen.

»Und so kommt zum guten Ende
alles unter einen Hut.
Ist das nöt'ge Geld vorhanden
ist das Ende meistens gut«,
ließe sich mit dem Text der »Dreigroschenoper« singen.

Eigentlich allerdings müßte die Strophe der Moritat hinsichtlich der Fugger noch eine Abwandlung erfahren:

Herwart, die Baumgartners und die Brüder Georg und Siegmund Gossembrot hätten ihre alten Konkurrenten inzwischen hinreichend kennen müssen, um voraussehen zu können, daß die Fugger das gute Ende in ein für sie noch besseres zu verwandeln versuchen würden:

Es folgt das satirische Nachspiel: Obwalter der Verkäufe des Kupfersyndikats in

Venedig wird der Fuggersche Faktor Hans Koler. Von Jakob dazu inspiriert, bringt es Koler fertig, sowohl als Verkäufer für das Syndikat wie auf Rechnung der Thurzo-Fuggerschen Gesellschaft aufzutreten. Das erzählt sich so einfach, muß aber, damit das nun beginnende Spiel funktionieren kann, beträchtlicher Vernebelungsmanöver bedurft haben.

Später wird bekannt, daß die Metallieferungen beider Produzenten sogar Speicher an Speicher gelagert worden sind.

Als nun Koler große Mengen ungarischen Kupfers auf den Markt wirft, sinkt zunächst einmal der Preis. Auch das Syndikat muß zu niedrigen Preisen verkaufen. Koler senkt den Preis für ungarisches Kupfer noch weiter. Es wird ein Punkt erreicht, an dem das Syndikat den Preisverfall nicht mehr mitmacht. Seine Ware bleibt liegen. Es drohen hohe Verluste. Das Syndikat löst sich auf, da sich Fuggers Syndikatskollegen einfach nicht in der Lage sehen, noch weiter Geld einzubüßen. Sie treten ihre überfüllten Lager gern ab. Koler läßt über Strohmänner ihre Vorräte, die er ja selbst verwaltet, aufkaufen. Kaum aber sind die anderen aus dem Rennen, da setzt er die Preise wieder herauf. Nun ist erreicht, worauf sein Herr unter so vielen Mühen hingearbeitet hat. Die Fugger sind im Besitz des Kupfermonopols.

Das gewagte Unternehmen des Preisdrückens, später immer wieder praktiziert und in Fachkreisen als »Dumping« bekannt, hat das Haus Fugger zunächst 55 000 Gulden gekostet, denn auch es selbst ist ja mit einem Teil seiner Ware durch die Verluste des Syndikats geschädigt worden.

Nachdem man aber nun das Monopol besitzt, lassen sich die Verluste rasch wieder wettmachen. Zudem wird Jakob einen großen Teil dieser Verluste der ungarischen Kupfergesellschaft aufzuhalsen verstehen, bei der ja Thurzo zu 50 Prozent am Gewinn beteiligt ist, aber natürlich in gleichem Verhältnis auch die Verluste mittragen muß. Als Argument gegenüber dem Geschäftspartner wird Jakob geltend machen, ohne dieses Manöver und die damit verbundenen Unkosten hätte man den Zusammenbruch des Unternehmens riskiert.

Freilich kommen die ausgebooteten Syndikatspartner nach einiger Zeit auch dahinter, was da gespielt worden ist. Begreiflich, daß sie so empört sind, daß sie das Haus Fugger verklagen. Die Fugger benennen einen Sachverständigen. Es ist der angesehene Humanist Konrad Peutinger. Der Tatbestand ist nach den

Lagergewölbe eines Kaufmanns. Holzschnitt d. Petrarca Meisters, 1519/1520

damaligen Gesetzen nur schwer zu fassen, aber die Prozeßgegner der Fugger berufen sich darauf, daß es im Gewohnheitsrecht den Grundsatz von Treu und Glauben gebe. Der sei gröblich verletzt worden.

Peutinger geht in seinem Gutachten philosophisch vor. Ja, räumt er ein, der Begründer der Scholastik, Thomas von Aquin, habe einst den Grundsatz vom »gerechten Gewinn« aufgestellt. Aber das sei lange her. Vieles habe sich seither in der Welt geändert. Auch die Wirtschaftsmoral. Seiner Ansicht nach sei eine Handlungsweise in der Wirtschaft nur dann kriminell, wenn Wucher vorliege.

Davon könne in diesem Fall keine Rede sein. Um an den Ausgangspunkt der gesamten Entwicklung zurückzukehren: Da seien Preise schließlich gesenkt worden. Und niedrige Preise dienten – das werde wohl niemand bestreiten wollen – dem Wohl der Allgemeinheit.

Man kann eine solche Argumentation für einen Witz oder für besonders raffiniert ansehen. Tatsache ist, daß es die angerufenen Gerichte beeindruckte. Und wer sich rückwärtsblickend gar zu sehr über die Winkelzüge Jakob Fuggers entrüsten will, der sollte auch daran denken, wie Maximilian, ohne mit der Wimper zu zucken, den Ruin der Fugger vom Reh mitverschuldete.

Man könnte auch auf andere hohe Herren verweisen: Beispielsweise auf den französischen König Karl VII., auf die planmäßige Münzverschlechterung im Dienst der Krone durch seinen Münzmeister, den französischen Kaufmann Jacques Coeur. Dieser beschaffte zunächst auf diese Weise dem König den Sold für die Truppen, die die Jungfrau von Orleans anführte. Ohne sie hätte sich Karl nie in Reims zum König von Frankreich krönen lassen können. Später wurde Coeur als Falschmünzer der Prozeß gemacht. Der Kaufmann wurde verurteilt, ohne daß Karl für ihn einen Finger gerührt hatte.

Nach ähnlichen Beispielen müßte man in dieser Zeit nicht lange suchen. »Moral« definiert ein philosophisches Wörterbuch aus dem Jahr 1961 wie folgt: ». . . von lateinisch moralisch, sittlich, derjenige Ausschnitt aus dem Reich der ethischen Werte, dessen Anerkennung und Verwirklichung bei jedem erwachsenen Menschen zunächst angenommen wird. Umfang und Inhalt dieses Ausschnitts ändern sich im Lauf der Zeit und sind bei verschiedenen Völkern und Bevölkerungsschichten verschieden.« Eben!

Zur Moral der Zeit, in der Jakob Fugger lebt, gehört bestimmt, daß Macht nicht nach Recht fragt und Macht sich ihr Recht schafft . . . sich auch Gutachter kauft, die das Recht in ihrem Sinn durch Richter auslegbar machen.

Wie bei uns, könnte man jetzt sagen. Oder auch . . . wie zu allen Zeiten.

Es sind die Ausnahmen, die die Regel bestätigen!

Vom Schaffierer zum Regierer

Noch ist die fintenreiche Wirtschaftsschlacht um das Kupferkartell nicht zu Ende, da setzt Jakob Fugger es durch, daß am 14. August 1494 auch die internen Machtverhältnisse neu geregelt werden.

Es wäre unrichtig anzunehmen, daß er sich dabei ausschließlich von eigensüchtigen Motiven hätte leiten lassen.

Er hat die Geschäfte in neue Bahnen gelenkt. Der Schwerpunkt liegt nun schon längst nicht mehr auf dem Tuch- und Gewürzhandel, sondern auf Handel mit Erzen und bei den Geldgeschäften. Gewiß will er nun auch seine tatsächliche Rolle rechtlich bestätigt sehen. Man kann aber auch davon ausgehen, daß es das bewußte Ziel eines erfahrenen und realistischen Kaufmanns war, das Unternehmen gegen jene Zerfallserscheinungen abzusichern, die bei jedem großen Familienunternehmen im Laufe der Zeit auftreten.

»Über Todesfälle, Erbteilungen, über Handelsneigungen und Eigenbröteleien hinweg, sollte das Handelsunternehmen, das bereits in ganz Europa Geltung hatte, den Fuggerschen Stamm und Namen gesund und groß erhalten«, urteilt Ernst Hering.

Am 14. August 1494 wird die bisherige Handelsgesellschaft in eine offene Handelsgesellschaft mit der Bezeichnung »Ulrich Fugger und Gebrüder von Augsburg« umgewandelt.

Wenn bisher vom Haus Fugger schon als »Firma« die Rede gewesen ist, so war dies eigentlich nicht ganz richtig. Erst jetzt setzt sich nämlich diese Bezeichnung langsam durch, abgeleitet von dem Zusatz »ditta firma«, der im Italienischen Handelsgesellschaften kennzeichnet. Das Wort Firma leitet sich also vom im Grund unrichtigen Gebrauch des Wortes »firmare« = unterschreiben her.

Wichtiger freilich sind die Einzelheiten, die der Vertrag bestimmt. Er gilt auf sechs Jahre. Jeder der drei Brüder ist gleichberechtigt, kann allein Schriftstücke zeichnen, Kaufmannsgehilfen und Faktoren einstellen. Keiner der drei Chefs darf nebenher andere Geschäfte betreiben. Jeder hat bei wichtigen Entscheidungen die beiden anderen darüber zu unterrichten.

Interessant und als Voraussetzung für die folgenden Bestimmungen wichtig sind die Einlagen der drei Brüder, nämlich

Ulrich:	21 656 rheinische Goldgulden
Georg:	17 177 rheinische Goldgulden
Jakob:	15 552 rheinische Goldgulden

54 385 rheinische Goldgulden

Wenn man bedenkt, daß eine große italienische Privatbank wie die der Medici schon 1408 180 000 Goldgulden als Kapital für die Versteuerung ausgewiesen hatte, wird einem klar, daß der Reichtum der Fugger immer noch mehr auf ihrer kaufmännischen Geschicklichkeit als auf ihrem Geldbesitz beruht. Allerdings muß man sich auch vor Augen halten, daß außer den Einlagen die Brüder in der Stadt noch Häuser besitzen und sich ständig auf dem Land Grund und Boden gekauft haben. Den »vierten Teil seines eingeschriebenen Hauptgutes« darf jeder Gesellschafter »zu vorteilhafter Verwendung für sich und seine Familie« dem Geschäft entziehen. Wollen nach sechs Jahren die Gesellschafter den Vertrag nicht erneuern, so soll geteilt werden. Bei Streitigkeiten entscheiden zwei gegen den dritten. Stirbt einer der Gesellschafter vor Ablauf der sechs Jahre, so müssen dessen Erben das Kapital noch drei Jahre im Handel lassen. Sie müssen die Geschäftsunterlagen des Verstorbenen ausliefern, haben auf den Handel keinen Einfluß und erhalten auf Wunsch die Mittel zum Unterhalt, ein Betrag, der ihnen jedoch bei der Schlußverteilung abgezogen wird. Auch wenn zwei der Gesellschafter vor Ablauf der sechs Jahre sterben, werden sinngemäß die vorstehenden Bestimmungen angewandt. Der letzte Gesellschafter berechnet den Gewinn und zahlt ihn den Erben der anderen innerhalb von drei Jahren aus. Es liegt auf der Hand, daß solche Bedingungen vor allem die Firma stärken. Obwohl Ulrich im Firmentitel immer noch an erster Stelle steht, begünstigt der Vertrag eigentlich vor allem Jakob, denn er ist der Jüngste. Er hat der Wahrscheinlichkeit nach die längste Lebenszeit und würde somit von den Erbklauseln profitieren.

Nachdem dieser Vertrag unter Dach und Fach ist, geht Jakob mitten im Trubel um das Kupfermonopol auf Freiersfüßen: 1498 heiratet er die Tochter des Augsburger Großkaufmanns und Grundstücksmaklers Artzt, Sybille. Der Bräutigam ist knapp über vierzig, die Braut zwanzig Jahre jünger. Sie dürfte eine beträchtliche Mitgift mit in die Ehe gebracht haben, und es läßt sich zumindest nicht ganz ausschließen, daß auch ihr Geld bei Jakobs Wahl eine Rolle gespielt hat.

Hinzu kommt, daß sich Jakob einen Nachfolger und Erben wünscht, nachdem es in den Häusern der Brüder vor Kindern nur so wimmelt.

Das Hochzeitsbild von Sybille und Jakob, von Toman Burkmair gemalt, verrät einiges über die beiden Ehepartner. Die junge Frau wirkt ziemlich kühl. Sie ist sich ihres Herkommens wohl bewußt. Zwar hat der luxuriös gekleidete, schmale, fast erschöpft wirkende Ehemann die eine Hand auf ihren rechten Arm geschoben, aber sein Blick irrt wie geistesabwesend in die Ferne, während auch ihre Augen und ihre ganze Haltung nicht gerade von heller Begeisterung über diesen Bund fürs Leben zeugen.

Betrachtet man andere Porträts von jungen Ehepaaren aus dieser Zeit, in der freilich persönliche Zuneigung ohnehin eine viel geringere Rolle beim Heiraten spielte als heute, so wirken diese beiden Menschen dennoch seltsam fremd und isoliert nebeneinander, so als hätten sie sich nicht viel zu sagen gehabt.

Man vermutet, daß die Ehe von der ehrgeizigen Mutter der Braut angebahnt worden ist. Für Jakob mag bei seiner Wahl auch eine Rolle gespielt haben, daß man ihm 1495 die Aufnahme in die »Geschlechterstube« verweigert hatte, in jene Institution der Stadtregierung, in der die alten Patrizierfamilien unter sich waren. Noch immer galten die Fugger als Emporkömmlinge und Neureiche. Nach der Verbindung mit der Tochter eines ehemaligen Bürgermeisters und Hauptmanns des »Schwäbischen Bundes« ist auf andere Weise auch diese gesellschaftliche Schwelle überwunden.

Was das Brautgeschenk für Sybille angeht, so trumpft Jakob gewaltig auf. Aus der wertvollsten Juwelensammlung der damaligen Zeit, die der Burgunderherzog besessen hatte und die nach dessen Tod in der Schlacht von Nancy 1477 in die Hände von Schweizer Landsknechten fiel, waren die Prachtstücke in den Besitz der Stadt Basel gelangt.

Die wagt zunächst nicht, sie zu veräußern, muß sie doch damit rechnen, daß die Erbin des Burgunderherzogs, seine Tochter Maria, Besitzansprüche geltend machen könnte. Nach ihrem Tod hätte auch Maximilian, ihr Ehemann, den Schmuck unter Umständen beanspruchen können.

1491 macht Basel über Mittelsmänner den Versuch, einen Diamanten »in der Größe einer halben Baumnuß« abzustoßen. Der geforderte Preis, nämlich 5000 Gulden, ist verhältnismäßig bescheiden. Kurz nach der Eheschließung zwischen Jakob und Sybille meinen die Basler nun einen besonders zahlungskräftigen Käufer ausgespäht zu haben. Durch zwei Ratsherren und ihren Stadtschreiber lassen sie Jakob zunächst Zeichnungen ihres Schmucksortiments vorlegen. Die Verhandlungen ziehen sich über mehrere Monate hin. Schließlich ist Jakob bereit, 40 000 rheinische Gulden für einen mit Diamanten besetzten Kopfschmuck, das »Gürtelein«, ein aus Edelsteinen zusammengesetztes Wappen des englischen Herzoghauses York und einen riesigen wasserklaren Diamanten mit drei Rubinen zu zahlen.

Da die schlauen Basler es durchgesetzt haben, daß die Ware erst geliefert wird, nachdem das Geld schon bezahlt ist, bleibt Jakob bei der Erkenntnis, daß einer der Rubine unecht ist, wenig mehr übrig, als einen geharnischten Protest nach Basel zu schicken, worauf sich die Ratsherren zu einer unbedeutenden Rückzahlung bequemen.

Die rechte Freude will sich bei Jakob auch dann nicht einstellen. Der Schmuckkauf beweist der Nachwelt lediglich, wieviel Geld er verdient haben muß, nachdem das Kupfermonopol nun endlich errichtet ist. Denn die Kaufsumme der Schmuckstücke ist ein Mehrfaches der Summe, auf die sich seine Einlage im Gesellschaftsvertrag des Jahres 1494 belaufen hat.

Die Ehe Jakobs mit Sybille ist von Tragik überschattet. Sybille bekommt keine Kinder. In einer Zeit, in der das Selbstvertrauen von Menschen sich nicht zuletzt aus der Genugtuung über eine zahlreiche Nachkommenschaft ergibt und ein solcher Mangel als ein Ausdruck von Gottes Zorn angesehen wird, dürfte dies für den mächtigsten Kaufherrn im Reich ein Schicksalsschlag gewesen sein. Er spricht zwar mit niemandem darüber, aber dieser Kummer treibt ihn nur zu noch hektischerer Geschäftigkeit an, was schließlich auch seine Spuren im Verhältnis zu seinen Neffen hinterläßt, unter denen er nun seinen Nachfolger wählen muß.

Schon 1502 wird der Gesellschaftervertrag von 1494 abgeändert, und Jakobs Kinderlosigkeit scheint dabei eine entscheidende Rolle gespielt zu haben. Die Anrechte aller Berg- und Hüttenwerke sollen nun allein männlichen Nachkommen vorbehalten bleiben. Nachkommen, die Geistliche werden, sind von der Erbfolge ausgeschlossen.

Den Söhnen von Jakobs Brüdern werden schon zu diesem Zeitpunkt große Verpflichtungen und Einschränkungen auferlegt. Wer sein Erbteil aus dem Handelsgeschäft herausnehmen will, geht damit seiner Anteile an den ungarischen Gewerken verlustig. Grundstücke, die die drei Brüder Ulrich, Georg und Jakob gemeinsam erworben haben, fallen allein an die weiter in der Firma beteiligten männlichen Nachkommen.

Die drei Firmeninhaber der Vätergeneration bestätigen sich, daß der von ihnen am längsten Überlebende ohne Widerrede der Erben schalten und walten kann. Am 14. März 1506 stirbt Georg Fugger. Am 10. April des Jahres 1510 trauert das Haus um den ältesten der drei gleichberechtigten Firmenchefs, um Ulrich. Damit geht die Handelsfirma in die unumschränkte rechtliche Alleinherrschaft des letzten Überlebenden, an Jakob, über.

Das Wettrennen ist gewonnen. Eine Vermögensabrechnung ergibt ein Gesamtguthaben von 286 215 rheinischen Gulden. Davon entfallen auf Ulrichs sechs Töchter und zwei Söhne, Ulrich II. und Hieronymus, 105 459, auf Georgs drei Söhne Markus, Raimund und Anton 94 757 und auf Jakob 85 999 Gulden. Der Gewinn beträgt somit mehr als das Vierfache der ursprünglichen Einlage. Noch im Todesjahr Ulrichs läßt Jakob bei einem Notar seine Neffen beschwören, daß er »principalis, rector et praesident« ist. Im Grund bedeuten all diese drei Worte ein und dasselbe: Sie drücken die Festschreibung einer diktatorialen Gewalt in der Firma aus. Es wird eine neue Firma gegründet, nun unter dem Namen »Jakob Fugger und Gebrüder Söhne«. Die neuen Vertragsbedingungen sehen vor, daß Jakobs vier Neffen Ulrich, Hieronymus, Raimund und Anton (Markus wird Geistlicher und ist damit nicht erbberechtigt) ihr Kapital samt Gewinn im Geschäft belassen. Sie sind an Verlust und Gewinn beteiligt, haben aber sonst kaum Rechte. Nur Jakob kann die Firma auflösen oder, wenn ihm das richtig erscheinen sollte, einen seiner Neffen auszahlen. Rechnungslegung können weder sie noch ihre Erben fordern. Sie sind bei unbedingter Gehorsamspflicht Beauftragte des Prinzipals im Geschäft. Für den Fall seines Todes folgen ihm mit den gleichen Rechten, also mit uneingeschränkter Machtbefugnis, die zwei ältesten Neffen, nämlich Ulrich der Jüngere und Raimund.

Zu Beginn des Jahres 1503 hat der damalige Kanzler des Grafen Wilhelm von Henneberg bei einem Faktor der Fuggerschen Handelsgesellschaft angefragt, wo sich zur Zeit die drei Firmenchefs aufhielten. Ulrich sei in Augsburg, Georg auf der Nürnberger Messe, Jakob in Frankfurt, erfährt er. Jedoch mit dem Zusatz: Wenn es etwas Dringliches und Wichtiges zu besprechen gebe, möge sich der Kanzler oder dessen Herr am besten an Jakob halten, der sei der rechte Schaffierer. Nun ist aus dem Schaffierer der Regierer geworden.

In der Krise erweist sich der Meister

Wenn eines der Erfolgsrezepte der Fugger in dieser Generation gewiß in der Einrichtung einer besonders klaren und übersichtlichen Buchhaltung liegt, wenn die Ausgestaltung des Gesellschaftsvertrages dafür sorgt, daß das Kapital konzentriert bleibt, so ist die Liquidität für Kreditgeschäfte doch geheimnisumwittert.

Zum Teil lüftet sich dieses Geheimnis, wenn man erfährt, welche Quellen zur Kreditschöpfung Jakob für das Haus hat anzapfen können.

Da gibt es in Brixen einen Fürstbischof namens Melchior Meckau. Jahrzehntelang hat er aus seinem Bistum, das nicht zu den ärmsten im Land gehört, beträchtliche Einnahmen gehabt.

Gewiß muß er aus diesen Einnahmen zunächst einmal sein Amt beim Papst abzahlen und auch danach noch dorthin gewisse Summen abführen. Dennoch: Nicht zuletzt dank der Angst seiner Gläubigen um ihr Seelenheil übersteigen seine Einnahmen bei weitem seine Ausgaben. Was soll er mit diesen Überschüssen anfangen? Er könnte sich Schlösser bauen. Er könnte gut leben. Er könnte sich Maitressen halten und sie verwöhnen. All dies ist zu dieser Zeit bei Bischöfen durchaus üblich, wird auch mehr oder minder öffentlich toleriert.

Hin und wieder treten Bußprediger auf, die gegen solche »Entartungen« der Kirche wettern. Zumeist enden sie auf dem Scheiterhaufen.

Aber der Fürstbischof Melchior Meckau weiß auch, daß er seine irdischen Güter nicht mit ins Jenseits nehmen kann.

Vielleicht möchte er dieses oder jenes seinen unehelichen Kindern vererben – ein menschlicher Zug, da er sich, anders als ein weltlicher Fürst, nicht bei der Festlegung der Erbfolge zu ihnen bekennen darf. Zudem: Der Papst, oder sagen wir genauer: eine Reihe von Päpsten zu dieser Epoche, verfahren da anders, was auch so manchen, der in der Hierarchie weiter unten steht, beträchtlich aufbringen muß. Nach dem Tod des Fürstbischofs fällt sein gesamtes Vermögen an die Kirche.

Dies alles bedacht . . . kann man es einem Mann verübeln, daß er nach Möglichkeiten sucht, sein Geld so anzulegen, daß es sicher ist und weder die Öffentlichkeit noch die Kirche etwas davon merkt?

Nehmen wir weiter an, daß ein solcher Mann von guten Erfahrungen mit der Diskretion eines gewissen Bankiers gehört hat . . . Nachrichten, die ihn, der über die politischen und wirtschaftlichen Vorgänge im Lande Tirol natürlich bestens vertraut ist, an das Haus Fugger verwiesen haben müssen. Bei Fugger sein Geld anzulegen, habe für einen Mann der Kirche dieser Zeit etwa dasselbe bedeutet wie heute ein Nummernkonto auf einer Bank in der Schweiz für einen reichen Mann, schreibt einer der Fuggerbiografen.

Nun ist Melchior von Meckau nicht der einzige geistliche Würdenträger, der Probleme hat, wie und wo er Geld verstecken kann. Es scheint heute ziemlich sicher, daß die erstaunliche Liquidität des Hauses Fugger weitgehend auf den heimlichen Anlagen von Pfarrern, Bischöfen und anderen geistlichen Herren beruht hat. Kein Wunder dann, daß die Quellen zur Gewinnung der Fuggerschen Geldreserven jahrhundertelang vernebelt blieben.

Was nun Fürstbischof Melchior von Meckau angeht, so haben nur Zufälle am Ende seines Lebens dazu geführt, daß in seine Geldgeheimnisse etwas Licht gefallen ist.

Meckau lebt vor seinem Lebensende nicht mehr auf seinem Bischofssitz in Brixen. Er hat es zum Kardinal gebracht und residiert als solcher am Hofe des Papstes in Rom. Seine Kenntnisse über Vorgänge dort kommen den Habsburgern und den Fuggern zugute. Und wenn er solche Kenntnisse an das Handelshaus weitergibt, so dient er damit der Sicherung seines auf der Fuggerbank geheim angelegten Geldes und dessen ruhiger und ungestörter Vermehrung durch Zinsen.

Am Ende beträgt die stille Einlage Meckaus um die 300 000 Gulden, also mehr als das gesamte Eigenkapital der drei Firmenchefs.

In Rom stirbt genau im Frühjahr 1509 der Kardinal und Fürstbischof Meckau. Wie man aus einem Bericht Luthers weiß, der sich zu dieser Zeit auch in einer Mission für seinen Orden in Rom aufhält und bei dieser Gelegenheit gleich Anschauungsunterricht über das Finanzgebaren des hohen Klerus bekommt, findet sich angeblich im Ärmel des Schlafgewandes von Meckau ein Zettel, auf dem notiert ist, daß er 200 000 Dukaten gegen einen Zins von 5 Prozent bei Fugger angelegt hat. Außerdem soll der Prälat noch auf dem Totenbett ein Testament gemacht haben, mit dem er das Hospiz Santa Anima zum Alleinerben seines Vermögens einsetzt.

Ganz abgesehen davon, daß beide Gerüchte auch der Vermutung Nahrung geben, daß die erwähnten Papiere tatsächlich gefälscht sein könnten, bringt der Tod Meckaus die Firma Fugger an den Rand des Abgrunds.

Als die Nachricht in die Zentrale nach Augsburg dringt, weiß Jakob, daß nun seine einzige Chance darin liegt, auf Zeitgewinn zu spielen. Wird die bewußte Summe sofort abgerufen, wäre das das Ende der Firma Fugger von der Lilie.

Sowohl der Papst wie auch das Hospital wie auch der Kaiser, auf dessen Territorium Brixen der Bischofssitz Meckaus liegt, versuchen, das ganze Erbe oder wenigstens Teile davon zu ergattern.

Was tut Jakob?

Nun, nicht umsonst gilt sein Vertreter in Rom, Johannes Zink, als ein mit allen Wassern gewaschenes Schlitzohr, den nicht die geringsten moralischen Skrupel hemmen, wofür allein schon die Tatsache hinreichend Beleg sein mag, daß er es verstanden hat, sich innerhalb von acht Jahren nicht weniger als sechzig Pfründen zu sichern.

Der Hauschronist der Fugger, Götz Freiherr von Pölnitz, wird in unserem Jahrhundert über Zink urteilen: »Man solle keinen Versuch zur Ehrenrettung derart eindeutiger Gestalten wie Johannes Zink unternehmen. Diese Menschen gehören zu den unausbleiblichen Schattenseiten jener Epoche. Jedes Bemühen, ihr Gedenken reinzuwaschen, hinterläßt auf dem Bild nur noch ärgere Flecken, entkleidet es seines morbiden Charmes zwischen aller Korruption.«

Während Jakob hastig bestrebt ist, selbst und über Mittelsmänner sich Geld für den Fall zu beschaffen, daß Papst, Kaiser, Bistum oder Hospital ihre fragwürdigen Erbansprüche durchzusetzen vermögen, weiß es Zink so einzurichten, daß das Testament Meckaus verschwindet. Etwas später taucht ein anderes Testament auf, das dem Hospital Santa Anima lediglich 1500 Dukaten verspricht und die Gesamtsumme des zu verteilenden Erbes mit 5000 Dukaten angibt. Auch versteht es Zink, dem Papst klar zu machen, daß der Spatz in der Hand besser ist als die Taube auf dem Dach.

Um die Rechtsgültigkeit des verschwundenen Testaments und jenes ominösen Zettels im Nachthemd werden lang sich hinziehende Prozesse geführt, die schließlich im Sande verlaufen.

Im Laufe des Jahres 1509 werden von Zink in dieser Sache nicht weniger als 36 680 Gulden »zur persönlichen und beliebigen Verwendung« an den amtierenden Papst Julius II. gezahlt. Damit ist der gefährlichste Gegner aus dem Spiel.

Mit dem neuen Bischof von Brixen, der natürlich auch nicht ganz leer ausgehen will, kommt Jakob schließlich ebenso überein wie mit dem Beauftragten des Kaisers. Ersterem wird bei Verhandlungen im August 1509 zwar eine beträchtliche Summe zugesprochen, doch verpflichtet er sich sogleich, das Geld weiter bei Fugger als Anlage zu belassen.

Der Kaiser darf froh sein, daß ihm Jakob für seine Ansprüche mit dem Hinweis, der Papst habe bereits zuviel abgeschöpft – und dieser ist zu diesem Zeitpunkt Maximilians Bundesgenosse im Kampf gegen die Franzosen – eine größere Anzahl von Wolldecken für seine Armee liefert . . . Ladenhüter, die man nirgends sonst hätte absetzen können.

Der Herr Graf

Das Jahr 1506 hat den Tod Georg Fuggers gebracht. Schon seit geraumer Zeit ist der Bruder den Strapazen des Geschäftslebens, die für ihn nicht zuletzt in weiten, anstrengenden Reisen nach Osteuropa bestanden haben, nicht mehr so recht gewachsen gewesen. Der Sohn hatte den Platz in der Nürnberger Faktorei übernommen. Der Alte hatte sich auf sein Gut in Göggingen, nicht weit von Augsburg entfernt, zurückgezogen. Dort stirbt er am 14. März 1506.

Dem Kaiser Maximilian stirbt 1506 der Sohn Philipp. Dieser Tod beschwört, abgesehen von der persönlichen Betroffenheit des Vaters, politisch eine schwierige Lage herauf. Philipp hinterläßt eine Witwe, von der das Gerücht geht, sie sei geistesgestört, dazu zwei Kinder im Alter von drei und sechs Jahren, Karl und Ferdinand. Der Todesfall macht für Maximilian seine Großmachtträume zunichte. Die Machteinbuße der Habsburger wird – das läßt sich leicht vorhersehen – vom französischen König und vom König von Aragon ausgenützt werden. Jetzt hilft eigentlich nur noch eines: den gesamteuropäischen Machtanspruch dadurch wieder zu festigen, daß er sich vom Papst zum Kaiser krönen läßt.

Fuggers Beziehungen zu Maximilian sind gerade wieder einmal etwas gespannt. Der König hat sich geärgert, daß er das zum Gießen der Geschützrohre nötige Metall zu enorm hohen Preisen kaufen muß, obwohl das Erz ja aus einem seiner Erblande stammt. Er hat wieder einmal einen seiner gefürchteten Wutanfälle bekommen.

Dann haben ihn seine Räte daran erinnert, daß gerade jetzt der ungünstigste Zeitpunkt für einen Bruch mit Jakob Fugger sei. Für 1507 ist ein Reichstag nach Konstanz einberufen. Er soll das Geld für den Romzug Maximilians bewilligen. Aber die Interessen des deutschen Königs und Kaisers – Kaiser ohne Bestätigung durch den amtierenden Papst! – müssen nicht unbedingt die Interessen der Fürsten des Reiches sein.

Wer Geld braucht, tut gut, weiter auf Fugger zu setzen.

Weiß man nicht beispielsweise, daß er so manchem Priester im Reich recht gute Dienste geleistet hat, wenn es um die Verleihung eines Bischofssitzes und die damit verbundene Kosten ging?

Hat er sich nicht neuerdings über die Alpen hin ein Post- und Nachrichtensystem aufzubauen gewußt, das besser funktioniert als das des Königs und Kaisers?

Andererseits: Was kann Maximilian dem Fugger für erneute Finanzhilfe bieten?

Alles wartet in Konstanz, gespannt, wie sich Jakob in dieser Situation verhalten wird.

Vor allem die Gesandten aus Italien, allen voran jene der Republik Venedig, haben ihre Spitzel ausschwärmen lassen. Und alle scheuen keine Kosten, um

herauszubekommen, ob Maximilian das fehlende Geld für seinen Romzug –
seine Räte schätzen die Kosten auf insgesamt 120 000 Gulden, denn der Weg
wird an manchen Stellen mit Soldaten freigekämpft werden müssen – zusam-
menkratzen kann oder nicht.

Da dringt die Nachricht zu ihnen, daß Jakob mit 80 000 Gulden in Konstanz
eingetroffen ist . . . mit einer Wagenladung voller Geld! Es sickert auch durch,
wie die Einzelheiten des Handels diesmal ausgesehen haben.

Jakob hat sich zur Zahlung von 50 000 Gulden verpflichtet. Dafür wird ihm
Maximilian die Grafschaft Kirchberg bei Ulm samt einiger Nebengüter über-
eignen.

Was nie einem Kaufmann geglückt ist, Jakob hat es geschafft. Aus dem Bürger
ist ein Adliger geworden. Allerdings hat der Preis seine Schönheitsfehler.

Einmal sieht der Vertrag zwischen Maximilian und Fugger vor, daß der König
bei Rückzahlung des Darlehens die Grafschaft wieder an sich nehmen kann. Es
handelt sich also eigentlich um ein Pfand. Und damit bekommt Jakob auch gleich
Ärger. Seine neuen Untertanen weigern sich schlichtweg, den Amtseid auf einen
Fugger zu leisten. Es gibt viele Barchentweber dort, die sich bockbeinig stellen
angesichts der trüben Aussicht, Leibeigene eines Konzerns zu werden, zu dessen
Handelsware auch Textilien gehören.

Noch verworrener erweist sich die Situation in der Herrschaft Weißenhorn.
Sollte Maximilian tatsächlich vergessen haben, daß er sie schon einmal verpfändet hat, nämlich gegen ein Darlehen von 20 000 Gulden an den Grafen Eitel
Friedrich von Zollern? Verständlich, daß dieser das Gebiet erst übergeben will,
wenn er sein Geld zurückerhält . . . und 3000 Gulden Unkosten hinzu.

Ein Glück, daß der Graf auch ein Anliegen an das Haus Fugger hat. Ein Prälat
hat auf der Fugger-Bank etwas mehr als 20 000 Gulden zur Überweisung nach
Rom eingezahlt, eine Summe, auf die nun der Graf von Zollern, da der geistliche
Herr das Zeitliche gesegnet hat, meint Ansprüche geltend machen zu können.
Jakob läßt sich auf dieses doch ziemlich fragwürdige Kompensationsgeschäft erst
dann ein, als es vom Bischof von Konstanz abgesegnet worden ist.

Unterdessen ist Maximilians Heerzug am Südrand der Alpen in der Nähe von
Trient zum Halten gekommen. Venedig verweigert den Durchmarsch durch sein
Gebiet.

Der Aufenthalt einer Armee von 30 000 Soldaten kostet Geld. Er kostet zunächst das Geld, mit dem Maximilian in Rom sich den Papst gewogen machen will. Die Romfahrt droht statt mit Prestigegewinn mit einer fürchterlichen Blamage zu enden.

Abermals wird Fugger eingeschaltet, um goldene Brücken zu bauen. Im Februar 1508 bringt er es zuwege, daß der König und Kaiser von einem Fürstbischof in Trient mit Zustimmung des Papstes als »Erwählter Römischer Kaiser« eingesegnet wird. Es handelt sich, salopp ausgedrückt, um so etwas wie eine Nottaufe, die die ärgste Bloßstellung verhindert.

Immerhin, Fugger ist also auch in der Lage, einem Kaiser kirchlichen Segen zu bescheren. Die ganze Geschichte kommt einem Sakrileg gefährlich nahe. Aber was heißt das schon in Zeiten, in denen Kaufleute zu Grafen avancieren. Übrigens hütet sich Jakob vorerst, den ihm eigentlich zustehenden Grafentitel öffentlich zu führen. Er ist klug genug zu begreifen, daß man sich in der Öffentlichkeit an diese Aufhebung der Standesgrenzen erst langsam gewöhnen muß. Es bedarf einer weiteren für den Kaiser kritischen Situation, ehe Fugger die Schranke zwischen Adel und Bürgertum endgültig überspringt und ein richtiger Graf wird.

1510 ist es soweit. Eine neue politische Großwetterlage ist eingetreten. Maximilian verbündet sich nun mit Frankreich gegen den Papst und Venedig.

Jakob, der seine guten Beziehungen zum Papst nicht aufs Spiel setzen möchte, vermeidet es, für eine der beiden in Streit liegenden Parteien Farbe zu bekennen. Allerdings ist es für die Kontrahenten und ihr Ansehen nicht unwichtig, wer sich rühmen kann, die stärkste Finanzmacht des damaligen Europa auf seiner Seite zu haben.

Da wird Jakob am 8. Mai 1511 eine Botschaft des Kaisers zugestellt. Er ist in den Adelsstand erhoben worden. Der Kaiser stellt seinem Bankier frei, ob er sich des huldvoll gewährten Titels bedienen will oder nicht.

Jakob ist zunächst verwirrt. Woher diese Gnade? Gewiß kann das Adelsdiplom nach der eben überstandenen Meckau-Krise seinen Ansehen ganz nützlich sein. Aber wo ist der Pferdefuß?

Der stellt sich beim mündlichen Vortrag des kaiserlichen Boten heraus. Maximilian ist auf einen ungeheuerlichen Plan verfallen.

Gerüchtweise ist bekannt geworden, Papst Julius II. sei dem Tod nahe. Schon setzt das Vorgeplänkel für die Papstnachfolge ein. Sobald Julius II. tot ist, will Maximilian nach Rom, um sich dort zum Kaiser krönen zu lassen. Diesen Titel aber wird er sofort an seinen Enkel Karl übertragen, um dann – es trifft sich gut, daß Maximilian gerade wieder einmal Witwer ist – Papst zu werden.

Als Makler bei der Kurie in Rom ist der Bischof Lang von Wellenburg vorgesehen. Ihm sollen 10 000 Gulden Honorar für seine guten Dienste gezahlt werden. Um sich die Kardinäle gefügig zu machen, wäre eine Summe von circa 300 000 Dukaten notwendig.

Vor sich selbst lehnt Jakob diesen Plan als utopisch und überspannt ab. Gegenüber den Boten Maximilians spricht er vorsichtiger. Könnte Maximilian seine hochfliegenden Absichten verwirklichen, so würde damit die traditionelle Ordnung der Dinge endgültig ins Wanken geraten. Jakob kennt die Verlockungen von Macht nur zu gut. Aber sie werden in seiner Person balanciert durch einen kühlen Sinn für das Mögliche. Dieses Manöver enthält auch zu viele Unsicherheitsfaktoren. Er hält sich bedeckt, sagt nicht ja, nicht nein, versucht Zeit zu gewinnen . . . und fährt gut damit.

Zunächst einmal tut Julius II. seinen offenen und heimlichen politischen Gegnern nicht den Gefallen, auf der Stelle zu sterben. Es kommt zu einer Aussöhnung zwischen Papst und König. Als ein Jahr später Julius dann doch das Zeitliche segnet, wird, ohne daß diesmal wie sonst meist offensichtlich Bestechung mit im Spiel ist, der Sohn des Lorenzo Medici, Giovanni, unter dem Namen Leo X. zum Papst gewählt.

Er ist 38 Jahre alt, war schon mit 13 Jahren Kardinal und ist ganz das Gegenteil seines Vorgängers, den die Zeitgenossen »den Schrecklichen« nannten und dessen Züge Michelangelo wahrscheinlich für seinen »Moses« übernahm. Julius war eine titanische Renaissancegestalt gewesen, die einen Dreifrontenkrieg geführt hatte gegen die abtrünnigen Städte des Kirchenstaates. Daß er bei seinem Krieg mit den Franzosen nicht vernichtet worden war, hatte er der Schweizer Garde zu verdanken gehabt, jener Schweizer Garde, die auch mit Hilfe des Hauses Fugger angeworben worden war.

Leo gilt als ein lebensfroher Mann, von einem Humanisten erzogen, den Künsten zugewandt. Er soll bei seinem Amtsantritt gesagt haben, er gedenke das

Papsttum zu genießen. Als er 1521 überraschend an Malaria stirbt, wird man ihm spottend nachreden, er habe die Einkünfte dreier Pontifikate verbraucht, den reichen Staatsschatz seines Vorgängers, seinen eigenen und den seines Nachfolgers, dem er hohe Schulden hinterläßt.

Wenn sich Jakob entschließt, zur Amtseinsetzung des neuen Papstes nach Rom zu reisen und um eine Audienz bei ihm zu ersuchen, so wohl deshalb, weil der neue Mann immerhin mit einem der wichtigsten Bankhäuser Italiens verwandt ist. Zudem hat er gehört, daß der neue Papst für den Bau des Petersdoms nach neuen Geldquellen sucht. Es gilt, dafür zu sorgen, daß solche Geldströme aus Nord- und Nordosteuropa weiter durch die Kontore des Hauses Fugger fließen.

Unsicherheiten

Eine Reise nach Rom

In der Faktorei der Fugger hat man alles getan, um dem neuen Papst zu schmeicheln. Man hat zur Begrüßung des päpstlichen Umzuges vom Vatikan zum Lateran vor dem Haus eine Pforte aufgestellt. Man hat für den Jubeltag einen Doppeldukaten prägen lassen, der auf seiner Vorderseite Leos Porträt und das Markenzeichen der Fugger, den Dreizack, zeigt, während auf der Rückseite die Göttin Minerva abgebildet ist. Für einen der nächsten Tage hat Zink eine Audienz für Jakob bei Leo X. vereinbaren können.

»Wie . . . was soll das bedeuten?« fragt Jakob seinen Faktor, als er eine der Münzen in die Hand bekommt. »Ist das eine Anspielung darauf, daß die jungen Dirnen bei diesem Herrn so häufig wechseln?«

»Nicht doch«, erwidert Zink, »es ist eine Anspielung auf seine Gelehrsamkeit.«

»Wenn man durch Rom geht«, sagt Jakob nachdenklich, »könnte man meinen, diese Stadt sei nicht das Zentrum des Christentums, sondern heidnische Götter würden hier verehrt. Auf jeder Säule Statuen in sinnesaufreizender Nacktheit.«

»Ihr werdet Euch noch mehr wundern, Herr, wenn Ihr die Schauwagen im Zug seht. Auf dem einen ist eine Danae dargestellt, die mit geöffneten Schenkeln Zeus als goldenen Regen erwartet . . . Anpreisung der Sünde nenne ich das.«

». . . von der wir durch den Ablaß profitieren werden, mein lieber Zink.«

»Wenn Ihr zur Audienz geht, Herr«, erinnert ihn Zink, »solltet Ihr auch die Frage der Anwerbung der Schweizer Garde durch uns besprechen. Ihr wißt, unsere Schweizer haben den letzten Papst gerettet.«

Während des Festzuges, der ihn an einen venezianischen Karneval erinnert, sitzt Jakob in der Hauptloge für die europäischen Bankiers gegenüber der päpstlichen Münze. Es wird Französisch und Italienisch gesprochen.

Jakob ist schweigsam. Als ich als junger Mann hier war, denkt er, hat es das nicht gegeben. Etwas hat sich verändert. Was ist das? Die Menschen haben nicht mehr die rechte Frömmigkeit. Sie haben soviel Selbstvertrauen, daß sie meinen, sie hätten Gott nicht mehr nötig. Machen sie sich klar, was geschehen wird, wenn das um sich greift? Er gönnt jedem sein Vergnügen. Das ist es nicht. Aber etwas ist nicht recht daran. Die festgefügte Ordnung von »oben« und »unten« gerät durcheinander. Die Menschen meinen, sie seien wie Gott. Und bald wird irgendein Bauernlümmel meinen, er könne den Kaiser spielen.

Dieses Empfinden, er werde alt und dies sei eine Welt, die er nicht recht verstehe, stellt sich auch am nächsten Tag bei der Audienz mit Papst Leo wieder ein. Der schwärmt nur von dem Bau des Petersdoms. Er erwähnt Künstler, deren Namen Jakob nie gehört hat, begeistert sich bei der Beschreibung der Ausmaße des Gebäudes, der Perspektiven auf Kuppeln und Säulenfronten.

»Das wird Geld kosten, Heiliger Vater. Viel Geld.« Fast ist Jakob darüber erschrocken, daß ihm dieser Satz entschlüpft ist.

»Gewiß doch, mein Sohn . . . allein die Kuppel zwei Millionen Dukaten«, Leo kann das geradezu amüsiert sagen.

Jakob antwortet nichts, sieht ihn nur erstaunt an.

»Alles geschieht zur höheren Ehre Gottes.« Leo hat eine Art zu reden, von der Jakob nie ganz sicher ist, ob in ihr wenigstens noch ein Gran Ernst steckt oder ob sie eine besonders perfide Art von Ironie darstellt.

Immer noch sagt Jakob nichts.

»Du wirst gut daran verdienen. Ich werde meine Freude haben. Jeder Christ wird sich erhaben vorkommen und Stolz auf seine Kirche empfinden, wenn er diesen Bau auch nur von außen betrachtet. Meinst du, man erwürbe sich so keine Verdienste vor Gott. Wir werden mit einem Bau seiner Hände Werk preisen. Menschen, die er geschaffen hat, können einen solchen Bau vollbringen! Die einen als Maurer, die anderen als Architekten und Maler, der Heilige Vater als Auftraggeber und du als dessen Bankier. Mach nicht so ein ernstes Gesicht. Es ist blauer Himmel draußen. Die Sonne scheint und macht die Welt glänzend. Freue dich. Ihr Deutschen seid so schwerfällige Burschen. Liegt es daran, daß bei euch die Sonne so selten scheint?«

Es zuckt um Jakobs zusammengekniffene Lippen. »Wenn Ihr gestattet, Heiliger Vater . . . wir verstehen es auch zu feiern. Kommt einmal nach Augsburg, und ich will Euch ein Fest geben, an das Ihr Euer Leben lang denkt . . . auch wenn die Sonne nicht scheint.«

»Nun, verzeiht, mein Lieber . . . ich denke nicht schlecht von meiner Herde jenseits der Alpen. Sie kann meiner Huld gewiß sein. Zur Sache: Mit der Schweizer Garde belassen wir es so wie bisher.«

»Ihr wart also zufrieden . . .?«

»Ja doch . . . tapfere Burschen. Und Tapferkeit hat nun mal ihren Preis. Was den Bau von St. Peter angeht . . . natürlich wird es teurer werden, als man jetzt meint. Solche Bauten werden immer teuer. Aber man sollte nicht im Kleinen sparen, wenn es um eine so große Sache geht wie den prächtigsten Bau der Christenheit. Und dann: Diese Künstler sind so launenhafte Burschen. Man muß ihnen nachgeben, oder sie reisen in irgendeine reiche Stadt oder verkriechen sich aufs Land. Ich habe von meinem Vater gut gelernt, wie man mit ihnen umzugehen hat. Auch Schönheit hat ihren Preis. Wir werden einen Peterspfennig ausschreiben. Die Überweisungen aus England, Dänemark und den barbarischen Ländern im Osten würden wir gern über dein Haus abwickeln.«

»Vor allem was den Geldverkehr mit den Ländern im Osten angeht, so ergeben sich für unser Haus erhebliche Kosten«, unterbricht ihn Jakob. »Wir garantieren . . .«

»Ich weiß, das Haus Fugger arbeitet prompt und zuverlässig, deswegen werden wir auch in Zukunft, trotz unserer Verbindungen nach Florenz und Mailand, unsere Gnade nicht von ihm abziehen«, antwortet Leo. »Wir haben eine Vorstellung von Bankgeschäften. Wir werden unsere Kämmerer entsprechend anweisen. Es wird dich interessieren, daß wir beschlossen haben, die Bulle ›Unser Retter Jesus Christus‹ für alle Länder Europas zu verlängern . . . und dann der Peterspfennig. Es kommt da einiges zusammen. Und wenn du auch nur zwei Prozent von den Einnahmen rechnest. Die Einzelheiten sollen dein Zink und unser Kämmerer aushandeln. Es ist verdrießlich, allzu lange über Geld zu reden. Die Welt hat soviel Schönes zu bieten. Komm, mein Sohn, im Zimmer nebenan ist eine Artemisstatue aufgestellt worden, die meine Agenten auf Sizilien ausgegraben haben. Welche Grazie der Bewegung . . . welche Schönheit. Komm und schau sie dir an!«

Die Fuggerei in Augsburg

Als Jakob Fugger von den Gesprächen mit dem neugewählten Papst aus Rom zurückkommt, erfährt er, daß es vor allem im Norden seines Wirtschaftsimperiums Schwierigkeiten gibt.

Veranlaßt durch die ständigen Kriege in Norditalien, hat er versucht, sich noch einen weiteren Absatzweg für das ungarische Kupfer zu erschließen: 1502 haben die Fugger eine Faktorei in Stettin eröffnet. 1503 und 1504 sind Niederlassungen in Danzig und Lübeck hinzugekommen. Zunächst hat sich der Handel in Nord- und Nordosteuropa recht günstig entwickelt. Dann aber hat die Hanse, von Konkurrenzneid dazu aufgestachelt, Schiffe der Fugger beschlagnahmt und Kupfer im Werte von 5000 Gulden an sich gebracht.

Jakob versucht, gegen die mächtigste Stadt der Hanse die Reichsacht zu erwirken. Lübeck kontert mit einer Klage gegen das Kupfermonopol. Jetzt wird er versuchen, die Stadt mit Hilfe des dänischen Königs und des Deutschen Ordens unter Druck setzen zu lassen.

Auch Familienzwist erwartet Jakob bei seiner Heimkehr aus Italien: Schon immer hat es Spannungen zwischen seiner Frau und seinen Neffen gegeben. Das hat dazu geführt, daß er Ulrich Fugger nach Tirol versetzt hat. Hieronymus, dem er, wenn er sich wieder einmal geärgert hat, jegliches Talent für das Geschäft abspricht, ist nach Köln ausquartiert worden. Bleiben der zielstrebige Anton und Jakobs Lieblingsneffe, Raimund, der mit einer Tochter des ungarischen Geschäftspartners Thurzo verheiratet ist.

Sybille Fugger hat sich ihrem Ehemann immer mehr entfremdet. Die Gründe dafür lassen sich nur vermuten. Sie stammt aus der vornehmen Patrizierschicht von Augsburg, die die Fugger lange noch über die Schultern angesehen und als neureiche Emporkömmlinge verachtet hat. Die Kinderlosigkeit des Ehepaares mag eine Rolle spielen.

Sybille umgibt sich mit einem Kreis von Freunden, die philosophische und künstlerische Interessen haben. Jakob rümpft über diese Schöngeister die Nase. Sie wohl auch über ihn. Ein Autor, dessen Werke in diesem Zirkel viel besprochen werden, ist Erasmus von Rotterdam. An Klassikern der Antike und italienischen Humanisten orientiert, verknüpft er die ethischen Werte des Altertums mit dem christlichen Glauben der Bibel und der Kirchenväter. Er wendet sich gegen die entartete Papstkirche und stellt ihre Mißstände und Mängel bloß. Mit Hilfe der humanistischen Studien will er die Dummheit und Barbarei überwinden und das Menschenideal in ursprünglicher Klarheit erneuern.

Jakob kommen solche Vorstellungen denn doch etwas weltfremd vor. Er spürt, daß sie eine Zeittendenz verstärken, bei der ihm unbehaglich ist, eine Auffassung vom Menschen, bei der die Betonung auf dessen Würde und Kraft liegt, in der sein eigenes Schöpfertum und seine Verantwortung für sich selbst unterstrichen wird. Erstaunt ist er, als ihm auf skeptische Bemerkungen jemand entgegnet, er sei ja eigentlich selbst ein Typ dieser neuen Zeit.

In Sybilles Renaissance-Salon verkehrt auch Konrad Rehlinger, ein enger Freund Jakob Fuggers. In der Stadt werden immer wieder Gerüchte laut, daß Rehlinger mit der Frau des Hauses mehr als nur eine Vorliebe für die Philosophen der Antike verbinde. Eines Tages überrascht Raimund Fugger Rehlinger und die Tante in einer, wie er glaubt, verfänglichen Situation. Es kommt zu einem heftigen Wortwechsel zwischen den beiden Männern. Raimund, zuvor häufig von seiner Tante gedemütigt, maßt sich die Rolle eines Verteidigers der Ehre seiner Familie an. Einer seiner Diener geht mit einem Dolch auf Rehlinger los. Ein anderer, ein besonnener Mann wirft sich dazwischen und verhindert einen Totschlag.

Jakob, von der Auslandsreise zurückgekehrt, muß Ordnung in seinem eigenen Haus schaffen. Raimund kann und will er nicht wie die anderen Neffen in die Wüste schicken. Er sieht die angeblich skandalösen Vorgänge weit nüchterner als sein Neffe, dem er klarzumachen versucht, daß er dem Ansehen der Familie mehr geschadet als genutzt hat.

Eine Frau will unterhalten sein. Er, Jakob, kann ihr teuren Schmuck kaufen, aber für Gespräche über moderne Kunst und Philosophie ermangelt es ihm an Neigung und Zeit. Er hat nichts dagegen, wenn Sybille ihre eigenen Wege geht. Aber Klatsch und Gerede sind ihm zuwider. Außerdem schaden sie dem Geschäft.

Jakob Fugger. Zeichnung v. Hans Holbein d. Ä., Anfang 16. Jh.

Kaum daß die Gemüter in dieser Affäre sich wieder beruhigt haben, stürzt sich Jakob in eine Auseinandersetzung mit seiner Pfarrgemeinde Sankt Moritz. Er, der im Laufe der Jahre für den in Augsburg verehrten Heiligen Ulrich auf ein Konto 15 000 Gulden einzahlt, er, der um diese Zeit einer Laienbruderschaft beitritt und immer wieder für sich, seine Verwandten und die verstorbenen Angehörigen seiner Familie Ablässe kauft, beginnt mit der Priesterschaft seiner Hauskirche eine donquijoteske Privatfehde. Er rügt, daß in Sankt Moritz gewisse Totenmessen nicht ordnungsgemäß abgehalten werden, daß minderwertige Kerzen in der Kirche Verwendung finden. Auch an den rhetorischen Fähigkeiten der Priester bei der Predigt mäkelt Jakob herum.

Wenn man sich fragt, was einen stark beschäftigten Kaufherren zu solchen Nörgeleien veranlaßt haben könnte, so kommt man zu der Vermutung, daß sich hier so etwas wie seine private Reformation abspielt.
Er hat in Rom ein Kirchenoberhaupt erlebt, das sich mehr um Architektur und Schöne Künste als um Glaubensfragen kümmert. Die auch von anderen Zeitgenossen gerügten Mißstände innerhalb der Kirche können ihm nicht verborgen geblieben sein. Andererseits ist er als ein kräftig sündigendes Wesen auf das Funktionieren der Kirche als eine Sündenvergebung spendende Einrichtung angewiesen. In seinen Augen haben Einrichtungen zu funktionieren. Seine Firma bietet ein Beispiel dafür, wie man das macht. Diese Pfarre funktioniert nicht. Da er einen nicht unerheblichen Teil seiner Gewinne aus Transaktionen der Kirche schöpft, mißfällt ihm dies.
Man muß sich daran erinnern, daß er ursprünglich selbst zum Mönch oder Priester bestimmt war – wohl nicht unbedingt zu seiner Freude damals. Jetzt aber – um sein fünfzigstes Lebensjahr ist er nach damaligen Vorstellungen durchaus kein Mann in den besten Jahren mehr, sondern er ist dem Tod schon nahe – mögen Erinnerungen an die Zeit im Kloster, und von daher eine Verantwortung für die Kirche, wieder bei ihm wach geworden sein.
Vielleicht aber muß man sich gar nicht auf so komplizierte Vermutungen einlassen. Vielleicht ist alles viel einfacher gewesen:
Jakob hat ein Leber- und Gallenleiden. Es könnte sein, daß die Auseinandersetzung mit der Gemeinde Sankt Moritz einfach aus der griesgrämigen Reaktion

eines Mannes hervorgeht, den starke Leberschmerzen plagen, gegen die es damals weniger Heilmittel gab als heute, den solche Beschwerden auch mißmutig und quengelig machen, ohne daß er sich über die körperlichen Ursachen seiner Mißstimmung selbst recht im klaren ist.

Zunächst hat Jakob wohl gemeint, die Ursache seines Ärgers lasse sich mit Geld aus der Welt schaffen. Er stellt einen Küster ein und bezahlt ihn aus eigener Tasche, was die Priesterschaft der Kirche keineswegs als Artigkeit, sondern als Anmaßung empfindet.

Als der Platz eines Chorherren durch Todesfall vakant wird, dringt er darauf, angeblich um so einen besseren Prediger zu bekommen, daß ein Mann seiner Wahl nachrückt.

Das ist nun für damalige Zeiten, in denen solche Ämter »Pfründen«, das heißt Versorgungseinrichtungen sind, durchaus nichts Ungewöhnliches. Ungewöhnlich hingegen ist, daß, als der Kaufherr seinen Willen nicht durchsetzen kann, er den Papst höchstpersönlich bemüht.

Tatsächlich, er ruft den Papst an, um die Vergebung einer Domherrenstelle in seinem Sinn entscheiden zu dürfen! Der Papst ist seinem Geschäftsfreund Fugger, auf den er beim Inkasso des Peterspfennigs in Nord- und Osteuropa angewiesen ist, in einer solchen Lappalie gern gefällig. Leo verfügt also, daß der Mann ernannt wird, den Jakob Fugger haben will.

Aber nun sperrt sich die zuständige Bischofsbehörde, wahrscheinlich vor allem, weil man sie übergangen hat. Eigensinnig wendet sich Jakob zunächst an den Herzog von Bayern, und als auch das nichts hilft, an den deutschen Kaiser.

Die Ironie des Schicksals will es, daß eben jener Domherr Johannes Speiser, der unter so viel Aufwand schließlich in sein Amt gelangt, wenige Jahre später einer der ersten Pfarrer in Augsburg ist, die zum Protestantismus übertreten.

Im Februar 1514 kauft Jakob von Anna Streußlin, der Witwe des Bürgermeisters Hieronymus Belser, »vier Häuser, Hof, Sach und Gesäß« in der sogenannten Jakober Vorstadt von Augsburg zu einem Preis von 900 Gulden. Später kommen weitere Grundstücke hinzu. Schon in diesem Jahr, als im Stadtrat über Steuerfragen diskutiert wird, gibt Jakob bekannt, was er mit diesem Neuerwerb vorhat. Nämlich eine Stiftung, »damit doch endlich armdürftige Bürger und Einwohner zu Augsburg . . . Handwerker, Taglöhner und andere, so öffentlich das Almosen nicht suchen, ohn sonder merklich beschwert der Hauszins zum Teil ergötzt werde und sie ihr Gemach und Behausung bequemlicher gehaben und bewohnen mögen«.

Was hier in dem uns merkwürdig anmutenden Deutsch dieser Epoche vor Erscheinen der Lutherbibel umschrieben wird, ist die Einrichtung des von der Nachwelt viel gepriesenen ersten sozialen Versorgungswerkes durch einen Unternehmer.

Bis in das Jahr 1523 entstehen in 53 Reihenhäusern 106 Dreizimmerwohnungen, die gegen eine symbolische Jahresmiete von einem rheinischen Gulden dem oben erwähnten Personenkreis zur Verfügung gestellt werden. Übrigens hat sich an dieser Mietzinssumme bis heute nichts geändert. Im Grunde genommen liegt sie sogar heute durch die Kursverhältnisse niedriger als damals. Sie ist im Jahre 1870 entsprechend den damaligen Relationen auf eine Mark zweiundsiebzig festgesetzt worden.

Jakob hat die Stiftung zunächst mit einem Grundkapital von 15 000 Gulden ausgestattet, zu denen später noch das zunächst auf den Namen des Heiligen Ulrich eingezahlte Geld in Höhe von 10 000 Gulden hinzukam.

1520 kommt Albrecht Dürer nach Augsburg, um ein Porträt Jakobs zu malen. Stolz führt ihn der Kaufherr unter Begleitung des Baumeisters Toman Krebs durch die Fuggerei.

»Das Gelb der Fassaden, das Rot der Ziegeldächer, das Grün der Fensterläden gaben ein anmutiges Bild. An den Wänden rankte der Wein, an den Toren gab es zierliche Wappenschilder und an den Ecken Heiligenfiguren in Nischen. Reizend waren die Treppengiebel und die Schnäbel der Wasserspeier. Jedes Haus enthielt eine untere und eine obere Wohnung, aber jede hatte ihren besondern Zugang. Die kleinen Zimmer heimelten an, die Küchen waren hell und sauber, der Herd war mit einem Rauchfang überwölbt.«

Über den Antrieb zu dieser Stiftung eines Privatmannes ist viel spekuliert worden. Da kann man lesen, Jakob habe »Kleinbürgern, aus deren Schichten sein Großvater aufgestiegen war, das Gefühl zu geben versucht, sie seien nicht Objekt einer fatalen Mildtätigkeit. Der Kaufmann hat hier ›besser‹ und ›sauberer‹ gedacht als die Sozialapostel seiner und aller Zeiten.« (Eugen Ortner).

Einer solchen Charakterisierung kann widersprochen werden, ohne damit gleich auch bestreiten zu wollen, daß Jakob mit seiner Handlung so etwas wie eine Tradition privater Wohltätigkeit begründet hat.

Wenn man darüber nachdenkt, was ihn veranlaßt haben mag, die Fuggerei zu gründen, tut man gut daran, sich zunächst an die Inschrift jener Tafel über dem Herrentor zu halten, die zumindest mit von ihm inspiriert worden ist. Sie lautet aus dem Lateinischen ins Deutsche übersetzt:

»Die Brüder Ulrich, Georg und Jakob Fugger aus Augsburg, leibliche Brüder zum Besten der Stadt geboren, haben aus Frömmigkeit und da sie ihr Vermögen der Güte Gottes verdanken, zum Vorbild besonderer Freigebigkeit hundertundsechs Wohnungen mit Bau und Einrichtung ihren Mitbürgern, die rechtschaffen, aber von der Armut heimgesucht sind, geschenkt, gegeben und gewidmet.«

Was heißt das? Es heißt, daß ein Zusammenhang hergestellt wird zwischen dem, was man durch »Gottes Hilfe« erworben hat, und einer sozialen Verantwortung, die einem aus Macht und Reichtum erwächst.

Eine solche Haltung aber ist so ungewöhnlich nun wiederum nicht. Ungewöhnlich ist, daß ein privater Kaufherr eine solche Sozialstiftung ins Leben ruft. Vorstellen könnte man sich: Was für den Papst der Petersdom-Bau war, ist dem Fugger die soziale Alterssiedlung.

In beiden Fällen kommt zu der sich aus Reichtum und Macht herleitenden Verpflichtung, wie sie die religiös getönte Ethik dieser Epoche verlangt, noch etwas anderes hinzu: Der Stolz des Einzelnen, eine solche Tat vollbringen zu können – ein Stolz, der auch Ausdruck seines Selbstwertgefühles ist.

Eine andere Überlegung müßte von der Feststellung ausgehen, daß die Stiftung der Fuggersiedlung zu einem Zeitpunkt geschah, als sich die große soziale Erschütterung der Bauernkriege in Deutschland gerade anzubahnen begann. Die Stiftung könnte also auch Ausdruck eines Unbehagens, einer Angst vor sozialen Konflikten gewesen sein, die man im städtischen Bereich durch dererlei Einrichtungen zu lösen versuchte.

Schließlich läßt sich wiederum eine sehr einfache Begründung denken: Obwohl damals erst um die Fünfzig, ist Jakob zu dieser Zeit nach fünfundzwanzig Jahren Schufterei ein Mann, der nun rasch altert, und den häufige Krankheiten an die

Endlichkeit des menschlichen Lebens erinnern. Von daher wäre also die Fugger-
stiftung tatsächlich, und auch das klingt ja in der oben erwähnten Inschrift an,
entstanden aus »Frömmigkeit« – zu übersetzen mit: »Sorge um einen gnädigen
Gott«.

In welchem Maße Menschen aus ganz verschiedenen sozialen Schichten dieses
Problem zu jener Zeit umtrieb, wird an dem Lebenslauf eines Mönches und
Doktors der Theologie sichtbar, der einige Jahre später unter dem Dach des
Fuggerhauses ein theologisches Streitgespräch führt, ein Mann, der in seinen
Schriften die Fugger als gewissenlose Wucherer immer wieder angreift – Martin
Luther.

Wenn man verstehen will, was in Menschen damals vorging, wenn es einem
darum zu tun ist, Menschen in ihrer Eigenart und nicht nur als Repräsentanten
von Parteien oder Lagern zu verstehen, gelangt man zu der zunächst vielleicht
merkwürdig klingenden Einsicht. Männer wie Jakob Fugger und Martin Luther,
die aus unterschiedlichen sozialen Gruppen stammen, verschiedenen Berufen
angehören, von daher auch verschiedene Interessen haben, werden dennoch von
Vorstellungen bewegt, die gar nicht so weit voneinander entfernt sind. Sie
ergeben sich aus der Grenzsituation dieser Epoche zwischen Mittelalter und
Neuzeit.

Alte Ängste und neuer Stolz versetzen die Menschen um die Jahrhundertwende
in eine Unsicherheit, in – trotz Wagnis und Aufbegehren – beunruhigende
Skrupel, wie sie beispielsweise in der um diese Zeit entstandenen Figur des
Adams von Tilman Riemenschneider für die Marienkapelle in Würzburg ihren
Ausdruck finden.

Ein gewisser Mönch

Martin Luther wird am 10. November 1483 in Eisleben als zweiter Sohn eines
Bergmanns geboren, der später zu einem kleinen Bergbauunternehmer auf-
steigt. Es ist nicht ganz unwichtig, daran zu erinnern, daß es nach den Lehren
einer theologisch bestimmten Philosophie »weiterhin als Unrecht an der gott-

erschaffenen Erde« galt, »wenn man sie ihrer verborgenen Schätze beraubte«. Es ist, davon abgesehen, eine Zeit, in der ein deutscher Kaiser zum ersten Mal so etwas wie »Sozialgesetze« für den Beruf des Bergmannes erläßt. »Sie sicherten ausreichende Entlöhnung zu, setzten die Zahl der Arbeitstage fest, sorgten für Alter und Krankheit der Bergleute und Hüttenarbeiter vor, schlichteten durch Ausschüsse Streitigkeiten mit den Besitzern und Unternehmern und enthielten strenge Verordnungen gegen ein widerrechtliches Fortbleiben von der Arbeit. Auf diese Weise hat sich der Kaiser in Tirol den Namen eines ›Vaters der Bergleute‹ erworben.«

Die Familie Luther übersiedelt 1484 nach Mansfeld. Ab 1488 besucht Martin die dortige Schule und 1497/98 die Schulen in Magdeburg und Eisenach. Er beginnt im April 1501 mit dem Studium an der Universität Erfurt und erwirbt 1505 an dieser Universität den Magistergrad.

Die Erwartung des Vaters, der Sohn werde den Weg eines Juristen einschlagen, erfüllt sich nicht.

Während eines Fußmarsches über Land am 2. Juli 1505 in der Nähe von Stotternheim hat der junge Martin bei einem Gewitter eine Art Schockerlebnis und gelobt der Heiligen Anna, ein Mönch zu werden.

Biographen Luthers weisen darauf hin, daß diese legendäre Geschichte, die nach mittelalterlichem Aberglauben und Legende klingt, wahrscheinlich durchaus einen psychologisch bedeutsamen Kernpunkt habe, der schon bei der zeitgenössischen Biographie des mit Luther befreundeten Humanisten Melanchthon klar zutage tritt. »Selbstverständlich hat Luther von der natürlichen Entstehung eines Gewitters gewußt, dennoch muß er sich vor Stotternheim von Gott persönlich angerufen gefühlt haben«, schreibt in unseren Tagen Kurt Aland.

Nach seiner Abschlußprüfung an der Universität tritt Luther im Juli 1505 in das Erfurter Augustinerkloster ein. Die Jahre des Novizen sind gekennzeichnet von einem fast selbstquälerischen Glaubenseifer. Er selbst schreibt darüber später: »Es ist wahr, ich bin ein frommer Mönch gewesen und habe meinen Orden so streng gehalten, daß ich sagen darf: Ist je ein Mönch in den Himmel gekommen durch Möncherei, so wollte ich auch hineingekommen sein. Das werden mir alle meine Klostergesellen, die mich gekannt haben, bezeugen. Denn ich hätte mich, wenn es länger gewährt hätte, zu Tode gemartert mit Wachen, Beten, Lesen und anderer Arbeit . . .«

1507 empfängt Luther die Priesterweihen und beginnt ein Theologiestudium. 1510 bis 1511 gehört er einer Delegation von drei Mönchen an, die sein Orden zur Klärung organisatorischer Streitfragen nach Rom entsendet. Die drei Mönche legen die Reise, den damaligen Sitten ihres Standes entsprechend, zu Fuß zurück.

Der Weg führt zunächst in die Schweiz, dann über den Septimer-Paß nach Mailand. Von den Bewohnern der Schweiz heißt es in Luthers Reiseaufzeichnungen, sie könnten keinen Ackerbau treiben und müßten deshalb ihren Lebensunterhalt als Söldner für Frankreich und den Papst verdienen. Die Lombardei erscheint ihm hingegen als ein »sehr fruchtbar, gut und lustig Land«. Im Apennin geraten die Mönche in ein Schneetreiben. Von gefährlicher italienischer Luft und tödlichem Wasser ist die Rede. Als Arznei ißt man Granatäpfel. Trotzdem muß der Bruder Martin dann in Florenz mit einer Darminfektion ins Krankenhaus.

Im November ist man in Deutschland aufgebrochen, zum Jahresende wirft Luther von der Ponte Molle aus einen ersten Blick auf die Heilige Stadt, die in jenen Jahren, unter dem Pontifikat Julius' II., schon einer riesigen Baustelle gleicht. In der Sixtinischen Kapelle liegt um diese Zeit Michelangelo auf einem hohen Holzgerüst und malt die Decke über sich aus. Von den künstlerischen Aktivitäten nimmt der kleine Mönch nur wenig wahr. Er absolviert die für einen Romreisenden vorgeschriebenen Pflichten – Besuch von sieben Pilgerkirchen – mit großem Eifer.

An der Ablaßpraxis, von der später noch ausführlich die Rede sein wird, nimmt er zu diesem Zeitpunkt keineswegs Anstoß. Wie er selbst später sagt, glaubt er alles und bedauert, daß seine Eltern noch am Leben sind, weil er sie sonst durch den mit einer Romfahrt erworbenen großen Ablaß »im Jenseits selig machen« könnte.

Er bleibt vier Wochen in Rom. Bei der ihnen vom Orden aufgetragenen Er-

Martin Luther. Kupferstich v. Luca Cranach d. Ä., 1521

92

LVCAE ⚬ OPVS ⚬ EFFIGIES ⚬ HAEC ⚬ EST ⚬ MORITVRA ⚬ LVTHERI ⚬
AETHERNAM ⚬ MENTIS ⚬ EXPRIMIT ⚬ IPSE ⚬ SVAE ⚬
⚬ M · D · X · X · I ·

ledigung einer Streitfrage erhält der Mönch eine Vorstellung von den Ausmaßen des gewaltigen kirchlichen Verwaltungsapparates. Die Bestechlichkeit der päpstlichen Kanzlei erregt ihn ebenso wie die Gewissenlosigkeit mancher römischer Priester, die meinen, sich über das Mysterium der Verwandlung von Brot und Wein sogar lustig machen zu können. Freilich erfährt er auch allerlei Skandalgeschichten über die Renaissance-Päpste, in denen Giftmorde ebensowenig fehlen wie Blutschande und Knabenliebe.

Nach Deutschland zurückgekehrt, wird Luther von seinem Orden nach Wittenberg versetzt. Er promoviert Ende des Jahres 1512 zum Doktor der Theologie und nimmt danach als Professor Vorlesungen an dieser Universität auf. Hervorzuheben ist, daß Luther seit seiner Zeit im Kloster über eine sehr genaue Kenntnis des Bibeltextes verfügt. Das ist für einen Mönch der damaligen Zeit eher die Ausnahme denn die Regel.

In diesen Jahren in Wittenberg spielt sich das sogenannte »Turmerlebnis« ab. Eine zentrale Frage, die sich für den Mönch und jungen Theologen immer dringlicher stellt, ist das Problem der göttlichen Gerechtigkeit. Hat er im Kloster durch extreme Bußübungen ganz naiv versucht, Gott gnädig zu stimmen, so findet nun eine intellektuelle Auseinandersetzung statt. Er befragt die Heilige Schrift.

Den Kernpunkt seiner Probleme hat Luther in seiner Autobiographie 1545 selbst so beschrieben: »Ich konnte den gerechten, die Sünder strafenden Gott nicht lieben, im Gegenteil, ich haßte ihn sogar. Wenn ich auch als Mönch untadelig lebte, fühlte ich mich vor Gott doch als Sünder, und mein Gewissen quälte mich sehr. Ich wagte nicht zu hoffen, daß ich Gott durch meine Genugtuung versöhnen könnte. Und wenn ich mich auch nicht in Lästerung gegen Gott empörte, so murrte ich doch heimlich gewaltig gegen ihn: Als ob es noch nicht genug wäre, daß die elenden und in Erbsünde ewig verlorenen Sünder durch das Gesetz des Dekalogs (Zehn Gebote) mit jeder Art von Unglück beladen sind – mußte denn Gott auch noch durch das Evangelium Jammer auf Jammer häufen und uns auch durch das Evangelium seine Gerechtigkeit und seinen Zorn androhen?«

Die Lösung dieses Konfliktes wird gefunden, als Luther bei seiner Bibellektüre und der Vorbereitung zu einer Vorlesung über die Psalmen auf den Text des 32. Psalms, 2. Vers, »In deiner Gerechtigkeit erlöse mich« und in Paulus' Brief an die Römer, Kap. 1, auf die Verse 16 und 17 stößt.

Die Stelle lautet wörtlich: »Denn ich schäme mich des Evangeliums Christi nicht; es ist eine Kraft Gottes, die jeden selig macht, der daran glaubt, die Juden zuerst, aber auch die Griechen. Denn in ihm wird die Gerechtigkeit Gottes offenbar, aus Glauben zum Glauben, wie geschrieben steht: Der Gerechte wird aus dem Glauben des Lebens erhalten.«

Mit intuitiver Einsicht wird Luther – und genau das meint der Begriff des »Turmerlebnisses« – klar, daß die Gerechtigkeit im Sinne der Gesetze und der Zehn Gebote des Alten Testaments eine andere Bedeutung hat als der Begriff der Gerechtigkeit im Evangelium.

»In dieser neu verstandenen Gerechtigkeit«, schreibt Hellmut Diwald, Luthers eigenen Text erläuternd, »steckt nichts mehr von Strafe. Luther hat immer von neuem das rechte Verständnis gerade dieser so wichtigen Stelle deutlich zu machen versucht. Wenn es nur um die richtende Gerechtigkeit gehen würde, dann wäre jeder verloren, doch ›gottlob, als ich die Sache verstand und wußte, daß Gerechtigkeit Gottes nichts anderes hieß, als die Gerechtigkeit, mit der uns Gott rechtfertigt durch die in Jesus Christus geschenkte Gnade – da verstand ich die Grammatik und erst jetzt schmeckte mir der Psalter . . . Die ganze Bibel hatte auf einmal für mich ein anderes Gesicht bekommen. Ich durchlief sie, soweit ich sie im Gedächtnis hatte, und sammelte eine Menge ähnlicher Wendungen, wie – Werk Gottes –, das heißt dasjenige, was Gott in uns wirkt, – Kraft Gottes –, das heißt die Kraft, durch die er uns kräftig macht, – Weisheit Gottes –, das heißt die Weisheit, durch die er uns weise macht, je mehr ich bisher das Wort – Gerechtigkeit Gottes – gehaßt habe, um so lieber und süßer war es mir jetzt. So ist mir jene Stelle des Paulus die Pforte zum Paradies geworden.‹«

Im Vergleich der vorangestellten zwei Zitate aus den autobiographischen Schriften erweist sich, daß in diesen Jahren in Luther eine radikale Änderung seines religiösen Verständnisses vor sich gegangen ist. Dabei – das sollte noch einmal betont werden – spielt die Vorstellung von Gerechtigkeit eine entscheidende Rolle.

So wichtig diese Veränderung für seinen persönlichen Glauben gewesen sein mag, für die Geschichte der Kirche hätte sie wahrscheinlich keine Folgen nach sich gezogen, wäre sie nicht gerade zu einem Zeitpunkt vor sich gegangen, zu dem Luther in seiner Umgebung im Alltag Dinge sah und hörte, die ihn provozieren mußten.

Um seine Betroffenheit zu begreifen, muß nun etwas weiter ausgeholt und dargestellt werden, was Ablaß eigentlich war und wie er unter Einbeziehung des Hauses Fugger die politischen Verhältnisse im Deutschen Reich beeinträchtigte. Ablaß ist nach Lehre der katholischen Kirche jener Zeit die Erlassung jener Sündenstrafen, die nach der Beichte zu verbüßen bleiben, sei es auf Erden oder im Himmel. Hervorgehoben werden muß, daß also mit dem Ablaß keineswegs, wie das im Sakrament der Beichte der Fall ist, eine Vergebung der Sünden vonstatten geht. Ablaß ist eine Ablösung von Strafen durch eine Geldzahlung. Strafen, die so abzulösen waren, bestanden beispielsweise darin, daß die Straffälligen nicht am Meßopfer teilnehmen durften oder im Büßergewand in der Vorhalle des Gotteshauses zu verharren hatten. Solche Strafen also konnten durch Geldopfer zunächst zugunsten Notleidender abgegolten werden. Ein Ablaß für hundert Tage bedeutete somit keineswegs, daß man sich dadurch hundert Tage im Fegefeuer ersparte, sondern die Ablösung einer Kirchenstrafe von dieser Länge. All dies war in den päpstlichen Bullen sehr genau beschrieben. 1390 hatte Papst Bonifaz IX. einen Ablaß verkündet, den man entweder erlangte, indem man nach Rom pilgerte oder, ohne die Reise zu unternehmen, das Reisegeld der Kirche spendete.

Daß sich im Laufe der Zeit immer häufiger die Vorstellung breit machte und von den Ablaßbeauftragten der Kirche auch ausgenutzt wurde, materielle Leistung ohne Reue und ohne Opfergesinnung habe irgendeinen speziellen Wert, hat seine Ursache wohl darin, daß in heidnischen Zeiten und auch noch später die Tötung eines Menschen durch eine materielle Buße, die der Familie oder der Sippe ausgehändigt wurde, gutgemacht werden konnte.

Es ist auch nicht so, daß von seiten der Kirche gegen die Irrmeinung, das Ganze sei ein einfaches Geldgeschäft fürs Seelenheil, nie etwas unternommen worden wäre. Zwar gab es Ablaß-Kollektoren und Ablaß-Kommissarii, die mit meisterhafter Kasuistik aus der Angst der Gläubigen um das eigene Seelenheil und die

Leiden verstorbener Familienangehöriger im Fegefeuer viel Geld zu machen verstanden. Es gab aber auch Bischöfe, die gegen eine falsche Deutung des Ablasses protestierten. Sehr lautstark allerdings waren solche Stimmen jedenfalls zu dieser Zeit nicht. Das lag daran, daß eben auch die Bischöfe wegen Bezahlung jener Gelder, die beim Erwerb ihrer Ämter an den Heiligen Stuhl gezahlt werden mußten, in Geldnöten steckten. Das Geld versuchten sie dann durch Ablaßhandel wieder hereinzuholen. Da aber die Kirche auch noch den »Zehnten« erhielt und die theologisch Gebildeten sehr wohl wußten, was der Ablaß ursprünglich war und welch roßtäuscherische Geschichten neuerdings manche Ablaßhändler erzählten, wuchsen Verärgerung und Groll.

1503 hatte der Papst Alexander VI. den sogenannten »Livländischen Ablaß« ausgeschrieben, dessen Einkünfte dem deutschen Orden zur Missionierung des Ostens und zu einem »Kreuzzug gegen die Russen« bestimmt waren. Ein Drittel bis die Hälfte des Geldes war nach Rom abzuführen.

Schon bei dieser Transaktion ist das Haus Fugger beteiligt. Im Frühjahr 1506 schreibt der Papst Julius II. einen neuen Ablaß aus. Wer nicht persönlich in Rom erscheinen kann, um ihn dort zu erwerben, soll sein Scherflein zusammen mit einer »Beisteuer«, die zur Errichtung der Peterskirche verwendet werden soll, nach Rom überweisen lassen. Leo X. hat diese Regelung fortgeschrieben. Um das so eingehende Geld schneller zu bekommen, bedient er sich für Nord- und Osteuropa des Hauses Fugger. So – wir erinnern uns – die Vereinbarung während der Audienz nach der Papstwahl.

Da allerdings die Gelder der »Beisteuer« nur spärlich fließen, weist der Papst schon im November 1507 die Franziskaner in Italien, Böhmen, Österreich und Polen an, diesen Ablaß von der Kanzel aus zu verkünden. Seither kommt es zu regelrechten Konkurrenzkämpfen der verschiedenen Orden. Es finden Prügeleien zwischen Dominikanern, die den Livländer Ablaß kassieren, und Franziskanern, die für die Beisteuer Reklame machen, statt.

Bei nicht wenigen Ablaßhändlern in Deutschland reist ein Beauftragter des Hauses Fugger ständig mit und nimmt die durch Ablaßhandel eingezogenen Gelder sofort zur Weiterleitung nach Rom in Empfang – gegen entsprechende Gebühren, versteht sich.

Die empörende Verquickung von Ämterkauf und Ablaßhandel läßt sich vielleicht am besten an der Geschichte des Erzbischofs von Mainz und Magdeburg, Albrecht aus dem Hause Hohenzollern, vorführen.

Er ist der jüngere Bruder des amtierenden Markgrafen von Brandenburg, Joachim. Mit dreiundzwanzig Jahren ist Albrecht bereits Erzbischof von Magdeburg, was für seine Nachbarn, die Sachsen, insofern ein Ärgernis darstellt, als dieses Bistum zuvor von einem Mann aus ihrem Fürstengeschlecht geleitet worden ist. Albrecht will nun aber auch noch das Erzbistum Mainz. Bekommt er es, ist er Oberhaupt in nicht weniger als drei Bistümern, denn das Bistum Halberstadt hatte er sich inzwischen ebenfalls einverleibt.

Dem Bistum Mainz kommt insofern eine besondere Bedeutung zu, als der Erzbischof von Mainz als Kurfürst zugleich auch Erzkanzler des Deutschen Reiches ist. Wenn es dem Hohenzollern gelänge, Erzbischof von Mainz zu werden, gewönne er damit auch eine Schlüsselrolle bei der Wahl des Deutschen Königs und Kaisers; im Wahlkollegium der sieben Kurfürsten verfügte er dann nämlich über zwei Stimmen.

Maximilian, zu dieser Zeit Kaiser des Heiligen Römischen Reiches Deutscher Nation, ist ein kranker Mann. Sein Sohn Philipp ist vor kurzem gestorben. Maximilians gewagtes Unternehmen, sich zum Papst und seinen Enkel zum Kaiser ausrufen zu lassen, ist eben mißglückt. Wenn er für seinen Enkel Karl noch günstige Vorausetzungen schaffen will, so kann das nur so geschehen, indem er im Wahlmännerkollegium möglichst viele Kurfürsten für seinen Kandidaten gewinnt. Insofern kommen auch dem Kaiser die Ambitionen Albrecht von Brandenburgs nicht ganz ungelegen.

Eine Häufung von Kirchenämtern ist nach kanonischem Recht zwar verboten. Aber der Papst, wie wir gehört haben, ein ebenso lebenslustiger wie kunstsinniger Herr – und dererlei kostet viel Geld –, ist bereit, über dieses Verbot dann hinwegzusehen, wenn er außer der ihm beim Amtsantritt des Erzbischofs zustehenden Gebühr noch eine »Kompensation« erhält. Das Erzbistum Mainz selbst kann so viel Geld nicht aufbringen. Immerhin handelt es sich um eine Summe, die etwa der gleichkommt, über die der deutsche Kaiser für ein Jahr aus den Steuern seines Reiches verfügt.

Albrecht von Brandenburg. Kupferstich v. Albrecht Dürer, 1519

98

ALBERTVS · MI · DI · SA · SANC ·
ROMANAE · ECCLAE · TI · SAN ·
CHRYSOGONI · PBR · CARDINA ·
MAGVN · AC · MAGDE · ARCHI ·
EPS · ELECTOR · IMPE · PRIMAS ·
ADMINI · HALBER · MARCHI ·
BRANDENBVRGENSIS

SIC OCVLOS SIC ILLE GENAS SIC
ORA FEREBAT
ANNO ÆTATIS SVE XXIX
· M · D · X I X ·

Jakob Fugger leiht Albrecht von Brandenburg die Gelder, die er zum Kauf seines Amtes braucht. Ihre Rückzahlung erfolgt durch Einnahmen aus dem Ablaß. Im Dienste des Erzbischofs reist als Ablaßhändler der Dominikanermönch Johann Tetzel, immerhin Baccalaureus der Theologie. Das will besagen: Er ist sich über die kirchlichen Bestimmungen zum Ablaß genau im klaren; was ihn nicht hindert, den theologisch ungebildeten Laien zur Belebung seiner Geschäfte Sand in die Augen zu streuen. In einen zeitgenössischen Bericht lesen wir über sein Vorgehen:

»In Zwickau soll er auf das Rührendste vorgetragen haben, wie er in der Nacht auf dem Kirchhof eine arme Seele angetroffen habe, die ihn angefleht hat, man möge sie doch aus dem Fegefeuer erlösen – so sei er entgegen seinen Plänen länger in Zwickau geblieben, um für diese leidende Seele eine Messe zu lesen und um Ablaßopfer zu bitten. Wer solche aber nicht gebe, der sei ein Mensch ohne Mitleid, selber in Sünden ersoffen, ein Ehebrecher oder eine Hure.«

Zu Unrecht, meint Richard Friedenthal, sei Tetzel im Nachhinein zum Sündenbock gestempelt worden. Tatsächlich sei er ein vorzüglicher Organisator gewesen, der mit Fürstlichkeiten und Staatsbehörden zu verhandeln verstanden habe.

»Er reiste mit einem ganzen Troß von Unterkommissaren, Knechten, auch Bankbeamten (des Hauses Fugger), die dabei sein wollten, wenn abgerechnet wurde, um Unterschleife und die Annahme von Falschgeld zu verhindern, vielfach jedoch, was allerdings besonders böses Blut machte, selber als Ablaßverteiler mitwirkten. Tetzel war weit in der Welt herumgekommen bei seinen Ablaßkampagnen . . . Er hatte in Sachsen, in Schlesien gepredigt und energisch alle Hindernisse fortgeräumt, die man ihm in den Weg legte. Einem Bürgermeister, der ihn darauf aufmerksam machte, daß für seine Stadt bereits ein anderer Ablaß vorgesehen sei, erklärte er schlicht, sein Ablaß sei erheblich besser als der des Konkurrenten und habe somit den Vorrang . . . Tetzel war überzeugt, einer guten Sache zu dienen, und Skrupel über die Mittel suchten ihn schwerlich heim. Was seine Unterkommissare etwa an übertriebenen und verfänglichen Reden vorbrachten – und auf diese mögen einige der ganz skandalösen Wendungen zurückgehen – ging ihn nichts an. Er konnte sich dabei darauf berufen, daß

Ablaßbrief. Einblattdruck, 15. Jh.

Der dife figur eren wil eweim pater noster der het
xiiij dusent iar ablas vnd von iij vnd xl bepsten der
gab ieglicher vi iar vnd von xl bischoffen von igh-
chē xl tag vnd die ablash at lestens bapst Clemens

wiederum auch seine Vorgesetzten, bis zur höchsten Spitze in Rom hinauf, nach diesem Prinzip handelten.«

Von Tetzel wird auch der schöne, ganz auf Volksglauben abgestellte Spruch überliefert: »Sobald das Geld im Kasten klingt, die arme Seele aus dem Fegefeuer in den Himmel springt.«

Luthers Landesherr, Friedrich der Weise von Sachsen, hat auf seinem Territorium den Ablaßhandel verboten. Dies aber wohl vor allem deswegen, weil er selbst eine große Anzahl Ablaß spendender Reliquien besaß.

Man kann sich gut vorstellen, was in einem in Fragen der Gerechtigkeit so gewissenhaften Menschen wie Luther vor sich gegangen sein mag, als er hörte, daß die Gnade Gottes für Fürstlichkeiten zu fünfundzwanzig Gulden, für Prälaten und Barone zu zehn Gulden, für bessere Bürger zu sechs Gulden, für geringere zu einem Gulden und für kleine Leute gar zu einem Viertel oder einem halben Gulden unmittelbar jenseits der Landesgrenze in Jüterbog feilgehalten wurde. Seine Reaktion auf diesen Skandal sind die fünfundneunzig Thesen, die er am 31. Oktober 1517 gegen 12 Uhr an der Tür der Schloßkirche zu Wittenberg angeschlagen hat.

Es muß gleich erklärend hinzugefügt werden, daß diese Schloßkirchentür in Wittenberg die Funktion eines Schwarzen Brettes für die Universität besaß. Die Thesen wandten sich also an Luthers Mitakademiker und waren eine Aufforderung, einen Problemfall der Theologie zu diskutieren.

Besonders empört ihn, »wieviel die Frommen zahlen müssen« und daß die Ablaßhändler »sie in solcher Unwissenheit belassen, damit sie glauben, sie hätten mit dem Ablaß die Seligkeit erworben«.

»Die Ablässe«, stellt er weiter fest, »sind zu einem schmutzigen Werkzeug der Habgier geworden.«

In der 45. These heißt es: »Wer einen Armen sieht und ihm nicht hilft, sondern sein Geld für den Ablaß gibt, der erwirbt nicht den Ablaß des Papstes, sondern den Zorn Gottes, das lehre man die Christen.«

Die 86. These lautet: »Der Papst besitzt heute ein fürstlicheres Vermögen als der reichste aller Geldfürsten, Crassus. Warum baut er dann nicht wenigstens diese eine Basilika St. Peter mit seinem eigenen Geld, statt mit demjenigen von armen Gläubigen?«

102

Zu diesem Zeitpunkt ist es keineswegs Luthers Absicht, die Einheit der Kirche in Frage zu stellen. Das geht auch daraus hervor, daß Luther noch im gleichen Monat einen Brief an den Erzbischof von Mainz schreibt, der in untertänigem Ton abgefaßt ist und die Bitte enthält, der Kirchenfürst möge doch seinen Ablaßverkäufern die Leviten lesen.

Der ganze Tenor des Briefes macht klar, daß die Thesen eigentlich eine Frage sind. Luther will wissen, wie er sich angesichts des heiligen Geschäftes verhalten soll. Es gibt keine verbindlich gültige Lehrmeinung, und es ist ihm klar, daß aus Auswüchsen der Kirche mehr und mehr Schaden erwachsen wird. Luther ist durchaus der Meinung, der gute Papst an der Spitze wisse nicht, was gewissenlose Ablaßkrämer in seinem Namen und im Namen der Kirche tun.

Später soll der Papst Leo X. gesagt haben: »Der Bruder Martin hat einen guten Kopf; es ist nur Mönchsgezänk.«

Eine andere Äußerung kolportiert Luther selbst: »Diese Thesen hat ein voller, betrunkener Deutscher geschrieben; sobald er wieder nüchtern ist, wird er wieder anders vom Ablaß denken.« Dies angeblich, nachdem der Erzbischof von Mainz über Luthers Thesen einen Bericht nach Rom gesandt hat.

Der Papst ordnet an, der Konflikt solle zunächst durch das Oberhaupt der Augustiner untersucht und beigelegt werden.

Tetzel wiederum hat, als ihm Luthers Thesen zu Gesicht gekommen sind, erklärt: »Der Ketzer soll mir in drei Wochen ins Feuer geworfen werden und in einem Badehute gen Himmel fahren.«

Wenn Luther später behauptet, seine Thesen hätten sich innerhalb von vierzehn Tagen durch ganz Deutschland verbreitet, so ist das zwar übertrieben, aber für damalige Verhältnisse wird der Inhalt der Thesen in der Tat recht rasch bekannt. Zunächst einmal gibt es seit einiger Zeit Druckpressen. Die Kritik fällt aber auch auf fruchtbaren Boden. Es herrscht eine allgemeine Empörung über gewisse Mißstände in der Kirche. Speziell empfinden viele Leute Genugtuung darüber, daß es jemand wagt, an dem Mainzer Erzbischof und seinem verschwenderischem Lebenswandel Kritik zu üben.

Als »Stimme des Volkes« kann die Äußerung eines anderen Mönchs aus einer Abtei in Westfalen gelten, der über die Thesen und Luthers Absichten urteilt: »Mien leewe Broder Marten, wenn du dat Fegefüer und die Papenmarketenderei störmen und wegschludern kanst, bist du vorwahr ein groter Herr.« (Mein lieber Bruder Martin, wenn du das Fegefeuer stürmst und die Ablaßkrämerei wegfegen kannst, bist du wahrlich ein großer Herr.)

1518 veröffentlicht Tetzel einhundertundsechs Thesen gegen Luther, die eigentlich von seinem Freund Konrad Wimpina, dem Dekan der Theologischen Fakultät der Universität von Frankfurt an der Oder stammen. Plakate mit diesen Thesen gelangen nach Wittenberg. Studenten überfallen den Händler, nehmen ihm das Druckerzeugnis weg und verbrennen es öffentlich.

Im Juni 1518 schickt Luther eine Erklärung zu den Thesen an Papst Leo X.

Rom reagiert mit dem sogenannten »Dialogus des Prierias«, einer Schrift, die im Kernpunkt besagt: Jeder, der der katholischen Kirche das Ablaßrecht bestreite, sei faktisch ein Ketzer. Ein Ketzerprozeß gegen Luther wird eingeleitet.

Wenn in diesem ersten Jahr Rom eher zurückhaltend reagiert, so hat das auch seine politischen Ursachen. Luthers Landesherr, Kurfürst Friedrich der Weise von Sachsen, ist der zeitweilige Wunschkandidat des Papstes für das Amt des deutschen Königs und Kaisers nach Maximilians Ableben. Jeder weiß, daß der Kaiser nicht mehr lange zu leben hat. Er leidet an Darmkrebs, einer Krankheit, die man damals zwar anders nennt, über deren Gefährlichkeit man sich aber sehr wohl im klaren ist. In dieser Situation findet 1518 in Augsburg ein Reichstag statt.

Auf ihn wird Luther zu einem klärenden Gespräch mit dem Kardinalslegaten Cajetan geladen. Ort des Gespräches ist bezeichnenderweise das Haus des Jakob Fugger.

Reichstag in Augsburg

Dieser Reichstag, zu dem die deutschen Fürsten und Kaiser Maximilian sich im Herbst des Jahres 1518 in Augsburg versammeln, bringt für Jakob Fugger ein erstaunliches Gespräch, an das er sich noch lange erinnern wird.

Der Kaiser ist in die Stadt gekommen, um sich zu amüsieren. Er setzt sich mit seinen Freunden in eine Loge des Tanzhauses, und in orientalische Gewänder

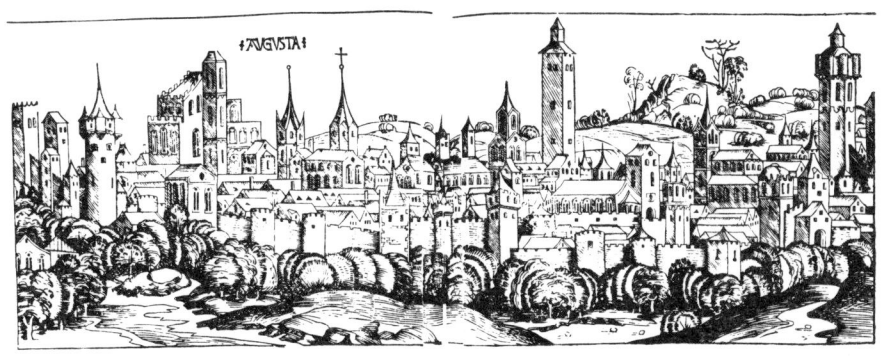

gehüllt, spazieren die schönsten Mädchen und Frauen der Stadt an ihm vorbei. In allen Ehren . . . die Damen sind so dicht verschleiert, daß Kardinal Matthäus Lang sie schließlich auffordert, doch ihren »neidischen Putz abzulegen« und etwas mehr von ihren Reizen zu enthüllen.

Die Veranstaltung entbehrt in Jakobs Augen nicht der Peinlichkeit. Der Kaiser, vom Tod schon gezeichnet, will noch einmal Frauenschönheit genießen und den Ritter spielen. Die Türken bedrohen den Balkan, und hier sind orientalische Kostüme der letzte Schrei.

Als dann der allgemeine Tanz beginnt, läßt Maximilian die Paare durch seinen Schalknarren bestimmen, und der ruft, als die Reihe an Konrad Rehlinger kommt, für ihn als Partnerin Sybille Fugger auf. Der Narr des Kaisers ist über den Stadtklatsch offenbar wohl informiert.

Rehlinger lädt einige Tage später den Kaiser zu einer mehrtägigen Jagd ein . . . und seinen Freund Jakob Fugger dazu. Jakob sagt ab. Er ist in letzter Zeit sehr mißtrauisch geworden.

Vor kurzem ist er bei einem Besuch bei dem mächtigen Fürstbischof Christoph von Stadion in Dillingen mit knapper Not einem Anschlag auf sein Leben mit Gift entgangen. Wie leicht stolpert ein Pferd bei einer Jagd über ein verborgenes, am Boden ausgespanntes Seil oder tritt in ein Kaninchenloch, das gar nicht von einem Kaninchen stammt. Ja, der Rehlinger ist einmal sein Freund gewesen. Daß er Sybille schöne Augen macht, kann er ihm nachsehen, aber Spione, die er den beiden auf die Fersen gesetzt hat, haben berichtet, die beiden hätten beschlossen zu heiraten, sobald er, Jakob, das Zeitliche segne.

Da sollen sie noch etwas warten müssen. So nahe wie Maximilian ist er dem Tod hoffentlich noch nicht, wenngleich alles in Gottes Macht steht.

Aber Gott behütet vielleicht nur jene, die sich selbst zu hüten wissen . . . Wer weiß. Häufiger gerät er in letzter Zeit ins Grübeln. Die den Ablaß kritisieren, haben wohl recht. Bestimmt kann man sich das Himmelreich nicht erkaufen. Eher schon einen Kaiser für Deutschland. Damit ist Jakob seit einigen Monaten hinreichend beschäftigt. Es ist ein kompliziertes, verrücktes Spiel. Das komplizierteste unter all den Spielen, die er in all den Jahren gespielt hat. Schach gegen ganz Europa. Aber er empfindet immer auch noch eine gewisse Freude und Genugtuung dabei.

Und: Wenn es den Ablaß nicht mehr gäbe, wo nähme man dann das Geld her, das als Öl das große Getriebe dann doch immer wieder geschmeidig laufen macht. Der Ablaß ist in seinen Augen der großartigste Einfall zur Geldabschöpfung, den seit langem jemand gehabt hat. Man braucht Geld, und mit dem Ablaß kommt schnell Geld herein, während es sonst den Leuten nicht aus der Tasche zu locken ist. Es muß Geld vorhanden sein, um die öffentlichen Aufgaben zu finanzieren. Aber das wollen die Leute nicht einsehen. Also geschieht es ihnen recht, wenn man ihnen das Geld mit heiligem Gerede aus der Tasche holt.

Auch er braucht Geld, und die Dukaten fallen nicht vom Himmel. Und soviel wie man braucht, um das Heilige Römische Reich Deutscher Nation einigermaßen in Ordnung zu halten, kann ein ehrlicher Kaufmann gar nicht verdienen . . . er mag noch so tüchtig sein. Können ja die Rechnung mal aufmachen . . .

Zum Exempel: Die fast 50 000 Gulden, die er dem Albrecht gezahlt hat, damit dieser wiederum seine Palliumschuld an Rom zahlen konnte, sind in fast drei Jahren aus den Ablaßeinkünften zurückgezahlt worden. Die Goldminen des Fegefeuers.

Leute, die von Geld allemal schlecht denken, hält Jakob für dumm. Daß man Geld nicht ins Jenseits mitnehmen kann, muß man ihm nicht erklären. Aber wenn Geld da ist, läßt sich oft das Ärgste abwenden.

Wenn Geld da ist, gibt es Arbeit. Wenn Geld da ist, gibt es Sicherheit. Wenn Geld da ist, gibt es Schönheit und Glanz. Und wer beschafft dieses wirksame Heilmittel gegen das Chaos? Unter anderem und zu nicht geringem Maße er, Jakob Fugger.

Der eine braucht Geld für eine große Kirche,
der zweite für ein Heer in Italien,
der dritte braucht Geld, um sich ein Erzbistum zu kaufen,
der vierte braucht gar 300 000 Gulden Mitgift für eine Infantin, damit diese
einen Brandenburger heiratet und damit dieser wiederum weiß, wie er bestimmt
stimmen wird, wenn es um die Wahl des nächsten Kaisers geht.
Ja, Geld regiert die Welt, nicht Kaiser und Papst. Und Weltgeschichte ist gleich
Geldgeschichte.

Auf der Jagd hat sich der Kaiser überanstrengt. Jakob unterdrückt eine boshafte
Bemerkung.
Manche Leute wissen, was sie sich zumuten können und was nicht. Mehrere
Tage muß Maximilian das Bett hüten.
Als er wieder aufstehen kann, wird eine Hochzeit gefeiert: Die bayerische
Prinzessin Susanne heiratet den Markgrafen von Brandenburg. Der Kurfürst
von Mainz wird zum Kardinal ernannt.
Gut so: Damit sind zwei Stimmen für die Kaiserwahl gesichert.
Ein Kardinalshut ist nicht umsonst. Auch dieses Geld hat Jakob beschafft.
Darüber denkt er nach in seinen schlaflosen Nächten. Schöngeisterei . . . ha!
Ein Ritter mit Namen Ulrich von Hutten, der Verse schmiedet und sich gern als
der letzte Minnesänger feiern läßt, erhält von einer Tochter der Stadt einen
goldenen Lorbeer.
Nur Tatsachen zählen . . . und alles entscheidet das Geld. Auch der goldene
Lorbeer hat Geld gekostet und irgendwann wird ihn der arme Rittersmann
verhökern . . . für Geld.
Der Kaiser hat auf dem Reichstag eine alte Lieblingsidee durchsetzen wollen –
einen Türkenkreuzzug aller christlichen Mächte unter Führung des Kaisers und
des Papstes. Drei christliche Heere sollen zunächst Konstantinopel zurücker-
obern, das 1453 gefallen ist, dann Nordafrika und Ägypten besetzen und
schließlich bis ins Heilige Land vordringen.
Schön wär's ja, denkt Jakob, unsere Kupfergruben in Ungarn wären dann auch
sicherer, aber diese europäische Allianz wird Maximilian nie zusammenbringen
können. Schon die deutschen Fürsten sind eher ablehnend. Wie will er den

Franzosen und den Engländer gewinnen. Und den Spaniern ist die Neue Welt ein lohnenderes Ziel.

Nein, wieder einmal will der Kaiser zuviel. Er greift zu hoch, träumt zu weit. Das ist von jeher sein Fehler gewesen . . .

In den politischen Gesprächen, bei denen auch darüber ver- und gehandelt wird, wer der nächste deutsche Kaiser werden soll – noch lebt der alte, aber wie lange noch? – bringen die mitteldeutschen Fürsten eine Beschwerde gegen den Mißbrauch des Ablaßhandels vor.

Daraus könnte eine erneute Diskussion über Recht und Unrecht von Monopolen werden. Das Thema ist nicht nur Jakob unangenehm, sondern auch dem Kaiser. In den letzten zwei Jahren – nicht zuletzt um die Bestechungssummen für den Nachfolger seiner Wahl aufzubringen – hat sich Maximilian soviel Geld bei dem Haus Fugger borgen müssen, daß er keine Konflikte mit seinem Hausbankier riskieren kann.

Wieder einmal bleibt der Kaiser den Diskussionen im großen Saal des Fronhofes fern. Er habe Fieber, hört man. Ein diplomatisches Fieber oder die Krankheit zum Tode?

Schließlich verläßt Maximilian Augsburg, ohne daß der Reichstag recht abgeschlossen wäre. Er fährt nach Innsbruck und ist, wie Jakob hört, wirklich dem Sterben schon näher als noch dem Leben.

»Hoch lebe das Haus Habsburg!« Die Burschen, die am Tor stehen und es rufen, als die Kalesche des Kaisers davonrollt, sind von Fugger bezahlt. Auch Maximilian weiß das. Stimmungsmache? Eine Mahnung oder eine Artigkeit?

Maximilian soll mit etwas schwacher Stimme geantwortet haben: »Behüt dich Gott, du liebes Augsburg!«

So recht glaubt er wohl, trotz aller Mühen, selbst nicht mehr daran, daß die Kaiserkrone bei den Habsburgern bleiben wird.

Auch Jakob hat in diesen Tagen ernste Zweifel.

Die Nachricht, daß dieser Karl, der Maximilians Nachfolger werden soll und für den man soviel Geld schon im voraus hat aufwenden müssen, wenig Neigung dazu zeigt, Kaiser zu werden, weil er mit seinen widerspenstigen Untertanen in Spanien hinreichend beschäftigt ist, muß man unter der Decke halten. Drei

Tage nachdem Maximilian auf und davon ist, kommt dann dieser kleine Mönch, der den ganzen Trubel um das Ablaßwesen in Gang gebracht hat, zu Fuß von Nürnberg herüber zum Tor herein ... wie heißt dieser Bursche doch gleich noch?

Jakobs Gedächtnis läßt in letzter Zeit manchmal zu wünschen übrig. Zu seinem Gedächtnis wird immer mehr sein neuer Hauptbuchhalter, Matthäus Schwarz ... tüchtig, aber eitel, Erfinder von zynischen Sentenzen wie: »Finanz machen heißt höflich stehlen« oder »Conto corrento heißt: Der darf noch etwas pumpen!«

Dieser Schwarz will unbedingt ein Lehrbuch über die Buchhalterei drucken lassen. Eine Eselei. Den Leuten beibringen, wie man sie übers Ohr haut.

»Schwarz, wie heißt doch gleich dieser Mönch noch?«

»Martinus Luther ... kein Mönch ist er mehr, Herr Jakob, sondern ein Doktor.«

»Was ist der Unterschied?«

»Er ist fromm und gelehrt. Daß er fromm ist, merkt man gleich. Daß er gelehrt ist, sieht man ihm nicht so ohne weiteres an.«

Spione haben Fugger gemeldet, der Landesherr des kleinen Mönchs, der Kurfürst Friedrich der Weise, habe diesem Burschen ganze zwanzig Gulden Reisegeld mit auf den Weg gegeben. Bis Nürnberg hat es gereicht, aber nicht weiter.

Jakob überlegt, ob er nicht versuchen soll, dem armen Herrn Doktor mit zwei-, dreihundert Gulden unter die Arme zu greifen und damit das Problem aus dem Weg zu schaffen.

Aber nachdem er diesen Luther gesehen hat, weiß er, daß es so einfach nicht gehen wird. Dieser Mann sieht störrisch aus wie ein Ochse und hat trotzdem die Würde eines Heiligen.

Vielleicht regiert Geld allein doch nicht die Welt. Aber was regiert die Welt, wenn nicht Geld? Er wird sich diesen Luther einmal etwas näher ansehen.

Am 7. Oktober ist er zum Tor herein. Er wohnt bei den Karmelitern von St. Anna. Warum macht die Kurie nicht kurzen Prozeß mit dem Mönchlein, fragen manche. Jakob Fugger weiß es, aber das behält er, wie so manches, für sich.

Der Papst hat einen Mann geschickt, der die Gelehrsamkeit geradezu mit Löffeln gefressen hat: Thomas Cajetan de Vio, um die fünfzig, Ordensgeneral der

Martin Luther vor Cajetan. Holzschnitt, Straßburg 1557

Dominikaner, Verfasser zahlreicher theologischer und moralphilosophischer Schriften, Fachmann für die Interpretation des Werkes von Thomas von Aquin. Auf das Duell der beiden, das unter seinem Dach stattfindet, ist Jakob gespannt.

Cajetan gibt sich zunächst freundlich: »Mit deiner Diskussion über den Ablaß hast du ganz Deutschland erregt. Darum widerrufe alles, wenn du ein Glied der Kirche sein und einen gnädigen Papst haben willst. Dann soll dir nichts geschehen.«

»Wenn Ihr mir bitte meine Irrtümer klarmachen wollt . . .?« antwortet Luther. In dem Tonfall ist eine Unterwürfigkeit, in der Bosheit steckt.

»Deine Thesen, mein Sohn, stehen im Gegensatz zu einer Bulle von Clemens VI. . . .«

Luther antwortet mit Zitaten aus dem Neuen Testament.

Cajetan erklärt, nicht die Schrift, sondern der Heilige Vater sei die höchste Autorität. »Du wirst widerrufen müssen, ob du willst oder nicht. Sonst werde ich schon allein wegen dieses Punktes all deine Sätze verdammen.«

Es ist klar, übersetzt es sich Jakob, eine Schrift kann man so oder so ausle-
gen . . . sie mag von Gott sein, ausgelegt wird sie mit Menschenverstand. Aber
einer muß in solchen Dingen das letzte Wort haben. Sonst nimmt der Streit der
Meinungen kein Ende.

Am nächsten Tag kommt das Mönchlein mit Verstärkung daher, Ratgeber sind
um ihn, dazu der Generalvikar Staupitz . . . und Luther übergibt einen Schrift-
satz, der verlesen wird.

Er betont darin, in keinem Punkt von der Lehre der Kirche abgewichen zu sein,
und ergo . . . könne er auch nichts widerrufen.

Auch zu allem, worüber bei der ersten Sitzung mit Worten gestritten worden ist,
will Luther eine Ausarbeitung nachreichen, über die man dann mit Worten
»fechten« könne.

Jakob ist erstaunt, wie geduldig Cajetan darauf reagiert. »Mein Sohn, ich habe
mit dir nicht gefochten, und ich will auch nicht mit dir fechten. Ich bin bereit,
dich mit Rücksicht auf deinen durchlauchtigen, hochgeschätzten Landesfürsten
Friedrich väterlich und gütig anzuhören, dich zu ermahnen und zu belehren.«
Die Sache wird langweilig.

Bei der dritten Runde verliest Luther den Rechtfertigungsschriftsatz. Quintes-
senz: Er beruft sich auf das Neue Testament.

Cajetan pocht auf die Lehre der Kirche.

Welche Karte sticht?

»Man muß Gott mehr gehorchen denn den Menschen. Der Papst ist auch nur
ein Mensch«, sagt dieses Mönchlein. Sagt es einfach so daher, wie jemand sagt:
Heute ist es draußen kalt!

Die Damen um Sybille schwärmen von dem Stil des Schriftsatzes. Elegantes
Latein. Jakob kaut noch an diesem Satz: »Der Papst ist auch nur ein Mensch.«
Recht hat er, dieser Mönch. Er hat den Papst selbst nur allzu menschlich in
Erinnerung, aber herumsprechen darf sich das nicht, sonst ist plötzlich alle
Autorität dahin.

Recht hat der Kardinal, wenn er nun plötzlich ganz ungemütlich wird. Er ruft
grob: »Aber Bruder, gestern warst du doch ganz vernünftig. Heute bist du völlig
verrückt.«

Dann zitiert er Thomas von Aquin, donnert, brüllt, explodiert: »Verschwinde

und komm mir nicht mehr unter die Augen, es sei denn zu einem Widerruf.«
Was nun?

Die Sitzung ist geschlossen. Da ist noch der unmittelbare Vorgesetzte Luthers, Staupitz. Nun soll er statt Luther widerrufen und sich dann mit dem Mönch auseinandersetzen.

Dazu sei er nicht in der Lage, erwidert Staupitz. Luther sei ihm in Kenntnissen der Heiligen Schrift weit überlegen. Außerdem, wenn Cajetan, der ja den Heiligen Vater vertrete, es nicht schaffe, diesen Luther zum Widerruf zu bewegen – wie dann er?

Cajetan resigniert unter Gefühlsaufwallungen: »Ich will mit der Bestie nicht mehr sprechen, denn sie hat tiefliegende Augen und wunderliche Spekulationen im Kopf.«

Ich habe den Mönch richtig eingeschätzt, denkt Jakob. Ein neuer Ochse Gottes wahrlich.

Die nächsten Tage vergehen mit der Glättung des Parcours. Die Gelehrten in der Stadt freuen sich schon auf ein neues Wortgefecht. Da hört man, daß in Augsburg am Domtor ein Schriftstück angeschlagen worden ist, in dem Luther den bisherigen Gesprächsverlauf der Öffentlichkeit bekanntgibt.

Der Kerl muß toll geworden sein. Aber viele Leute in der Stadt sind auf seiner Seite. Einfaches Volk, aber auch die Humanisten.

Man hört, daß seine Beistände Staupitz und Link eingesperrt werden sollen. Am 16. Oktober fliehen die beiden aus der Stadt.

Luther scheint zum Äußersten entschlossen.

Jakob kommt ein Einfall. Die Nachrichten aus Spanien klingen immer noch nicht besser. Warum nicht einmal eine andere Karte spielen. Es ist nur ein Versuch, der zunächst einmal nichts kostet.

Am 21. Oktober wird Luther nachts wachgerüttelt. Vier bewaffnete Männer, die Jakob ausgeschickt hat, führen ihn ins Haus der Fugger. Es geht durch enge Gäßchen und durch eine Hintertür.

In einer Kammer wartet Jakob auf den Doktor. Er schickt alle Diener und Kriegsknechte hinaus.

Luther schimpft. Was dieser nächtliche Überfall solle?

Jakob hat selten jemand so wütend und wortreich schimpfen gehört. Auch das ist kurios. Er, Jakob Fugger, läßt sich von einem Mönch mit Worten, wie sie ein Fuhrknecht führt, beschimpfen.

»Ihr gefallt mir«, sagt Jakob, »wollt Ihr nicht in meine Dienste treten?«

»Was für Dienste könnte ich Euch leisten?«

»Ich hätte einen Auftrag für Euch.«

»Ihr . . . einen Auftrag?«

»Ja. Ihr könnt geschickt argumentieren und die Leute zu Euch verlocken.«

»Dank der Gnade unseres Herrn Jesus Christus und seiner Macht . . .«

»Nun, den Kampf gegen den Ablaß werde ich Euch nicht ausreden können . . .«

»Gewiß nicht, Herr, denn wie sollten wir auf die Gerechtigkeit Gottes hoffen, wenn wir diese selbst zu Gulden und Pfennigen verhökern.«

»Es geht mir um etwas anders . . .«

»So redet nur frei heraus.«

»Wir brauchen einen deutschen König und Kaiser, und Euer Landesherr . . .«

»Ich bin ein Mann Gottes, wie Ihr wißt. Das Spiel um die Macht dieser Welt geht mich nichts an.«

»Nun gut, aber Ihr könntet Vorteile daraus ziehen . . . für Eure Sache. Überredet Euren Landesherrn, die deutsche Kaiserkrone anzunehmen, so will ich ein gutes Wort beim Papst für Euch einlegen . . . der Heilige Vater ist mir gewogen. Einen Ketzerprozeß kann man niederschlagen. Ihr wißt: Andernfalls seid Ihr früher oder später ein toter Mann. Denkt an Hus, und wie er geendet ist.«

»Gott wird mich schützen.«

»Eure Seele . . . mag sein, aber Euren Leib? Auf den würde ich nicht allzuviel an Kredit geben, wenn Ihr nicht bald Vernunft annehmt. In dem Gespräch mit dem Kardinal . . . Ihr wart mutig. Aber damit kommt man sehr rasch an ein Ende. Glaubt mir, ich weiß, wovon ich rede. Sie üben nur solange Nachsicht, wie sie es nötig haben.«

»Ich habe nichts anderes getan, als mich auf das Evangelium berufen, und wer das tut, der kann nicht fehlen«, erwidert Luther.

»Eine kluge Antwort, die manch einen beeindruckt hat. Mich übrigens nicht. Worte kann man drehen und deuten. Einer muß das letzte Wort haben, sonst geht alles wie Kraut und Rüben. Womit wir beim Thema wären . . . Ihr würdet nicht nur mir . . . Ihr würdet dem deutschen Reich einen großen Gefallen erweisen.«

»Das ist nicht mein Feld, Herr.«

»Und wenn ich Euch zwingen würde?«

»Ihr könnt mich nicht zwingen. Niemand kann mich in dieser Sache zwingen, weil ich auf gutem Grund stehe . . . auf dem besten. Auf dem, den Gott den Menschen für diese Welt gegeben hat, als starke Burg und zur Hoffnung auf ein ewiges Leben und Zeichen seiner Gnade.«

Jakob hat den Kopf gesenkt bei dieser Predigt. Es ist viel schlimmer, als er gedacht hat. Dieser Mann glaubt tatsächlich ohne Wenn und Aber, was er sagt. Das kann nicht gutgehen. Früher oder später wird er sich das Genick brechen.

»Geht jetzt«, sagte er, »ich lasse Euch aus der Stadt bringen. Wir wollen nicht, daß hier ein Aufruhr entsteht wegen Euch. Es ist auch zum Besten für Eure eigene Sicherheit. Euer Landesherr wird es mir vielleicht noch einmal zu danken wissen.«

»Es wird noch mehr Aufruhr entstehen . . . nicht wegen meiner Sache, sondern um der Sache Gottes willen.«

»Das nehmt Ihr auf Eure Schultern?« fragt Jakob.

»Gott wird mir helfen, es zu tragen. Ich habe mich ganz und gar in seine Hand gegeben, und seine Gnade ist größer, als Menschen begreifen . . .«

»Ich wünsche Euch viel Glück. Geht jetzt.«

Als die Bewaffneten mit dem Doktor hinaus sind, hat Jakob gewisse Zweifel, ob Geld immer die Welt regiert. Er wird morgen mit Schwarz darüber reden. Vorsichtig, andeutungsweise. Er wird Schwarz noch einmal darüber ausholen, was für eine Meinung er nun über das Mönchlein hat. Vielleicht wird er mit Schwarz eine Wette eingehen.

Er hat noch nie jemanden gesehen, der so selbstgewiß wie dieses Mönchlein ist . . . oder Gottes gewiß.

Das imponiert ihm.

Er würde wetten, daß der Mönch bald nicht mehr ist . . . oder daß er ganz hoch hinaufgelangt.

Auf jeden Fall wird es gut sein, in Zukunft sich langsam und unauffällig aus dem Ablaßgeschäft zurückzuziehen. Es gibt zuviel Rauch da.

114

Und das Spiel um den Kaiser . . . es geht also weiter, und nun muß er sich einen neuen Zug einfallen lassen.

Als Luther wieder im Schwarzen Kloster in Wittenberg in seiner Zelle sitzt, schreibt er an den Hofkaplan Spalatin: »Mir ist fröhlich und friedlich zumute. Ich wunderte mich, daß meine Fährnisse so vielen und bedeutenden Leuten als eine große Sache erscheinen.«

Ein neuer Kaiser

Ein teurer Spaß

Am 12. Januar 1519 stirbt Maximilian zwischen drei und vier Uhr morgens in Wels in Oberösterreich an Gelbsucht, zu der eine Lungenentzündung gekommen ist. Vom Reichstag in Augsburg ist er über Innsbruck flußabwärts nach Oberösterreich gezogen.

Er hat noch einmal auf die Jagd gewollt.

Er hat wohl gespürt, daß ihm der Darmkrebs, unter dem er leidet, viel Lebenszeit nicht mehr lassen wird.

Er ist keine 60 Jahre alt geworden. Die letzten Tage seines Lebens hat er in völliger Abgeschiedenheit zugebracht. Mit seinem Beichtvater hat er seine Beisetzung minutiös genau geregelt.

Fugger verzieht spöttisch die Lippen, als er davon hört, daß der sterbende Kaiser noch acht Spitäler gestiftet hat. Es ist nicht einmal soviel Bargeld in der kaiserlichen Schatulle, um das Begräbnis zu bezahlen. (Jenes wunderbare Grabmal in der Hofkirche zu Innsbruck mit der knienden Figur des Kaisers, dessen 28 Vorfahren, dargestellt in überlebensgroßen Bronzestatuen, und den 20 Marmorreliefs, die Maximilians Taten verherrlichen, wird erst 1585 fertiggestellt werden.)

Zwei Tage braucht die Nachricht, um bis nach Augsburg zu gelangen. Jakob ist zu dieser Zeit krank. Er hat sich bei der Weihnachtsmette erkältet. Erbe des Kaisers ist der 18jährige Karl, ein zarter junger Mann, schüchtern, in den Niederlanden erzogen, seit 1516 König von Spanien.

Von seinem Großvater erbt Karl Österreich, die Steiermark, Kärnten, Krain, Tirol, Besitzungen am Oberrhein und in Burgund.

Am 28. März 1519 wird Karl in Frankfurt, ohne selbst anwesend zu sein, zum Kaiser des Heiligen Römischen Reiches gewählt.

Seit langem bemerken die engsten Mitarbeiter bei Jakob einmal wieder so etwas wie einen Ausdruck von Freude. Er hat das große Spiel, das sich über Jahre hinzog, nach seinem Wunsch und Willen entschieden.

Am Abend dieses Tages läßt er ein Freudenfeuerwerk in Augsburg abbrennen. In der Stadtchronik heißt es dazu: »Es waren viele verborgene Büchsen darin, die schossen im Feuer ab; es war hübsch zugerichtet und kostete viel Geld.« Nun, gemessen an den Beträgen, die Jakob für die Kaiserwahl ausgegeben hat, war es eine lächerliche Kleinigkeit.

Ein paar Tage später macht Jakob Bilanz: Insgesamt sind 852 589 Gulden und 56½ Kreuzer an Kurfürsten, Fürsten, Reichsstädte, an Beamte des Kammergerichts, an die Gesandten aus Spanien, an Landsknechtführer und andere Herren gezahlt worden. 543 589 Gulden und 43 Kreuzer hat davon das Haus Fugger aufgebracht, um die 143 500 Gulden sind vom Bankhaus Welser gekommen, 165 500 Gulden haben Banken aus Genua und Florenz beigesteuert.

Jakob läßt noch einmal den Ablauf des endlosen Spiels, des größten und kompliziertesten, das er in seinem Leben gespielt hat, an sich vorbeiziehen.

Es hat alles schon vor einigen Jahren begonnen. Maximilian hat zu seinem Nachfolger seinen Enkel Karl ausersehen.

1518 hat Maximilian zunächst mit italienischen Banken Verhandlungen über die Bereitstellung von Geldern zur Wahl eines Habsburgers geführt. Der Florentiner Bankier Filippo Gualterotti hat ihm erklärt, allein könne sein Haus diese Transaktion nicht übernehmen.

Im Januar 1518 hat sich dann in Innsbruck so etwas wie ein Konsortium gebildet. Die Welser sind bereit, für die Wahl Karls 100 000 Gulden bereitzustellen, mit 25 000 beteiligen sich die Florentiner, mit 55 000 Gulden steigen die Genuesen ins Wahlpoker ein.

Das Geld wird nicht in bar aufgebracht, vielmehr erhält der Beauftragte Karls, der Kaiserliche Rat Paul von Armstorffer, Wechsel für Augsburg und Frankfurt am Main.

Es finden dann in Innsbruck Sondierungsgespräche über Ansprüche der Kurfürsten statt, sofern diese sich für Karl entscheiden würden.

Von Armstorffer bringt zunächst einmal die Summe von 100 000 Gulden ins

Spiel. Als man ihm zu verstehen gibt, das werde kaum ausreichen, erklärt er, auch das Doppelte liege im Bereich des Möglichen. Nur lege sein Herr Wert darauf, daß diese Gelder erst nach der Wahl gezahlt würden, um den Eindruck von Bestechung zu vermeiden.

In Augsburg empfängt Jakob den Kardinal Ludwig von Aragon, einen einflußreichen Mann am spanischen Hofe, schmeichelt ihm, gibt ihm ein Fest, obwohl er weiß, daß dieser Mann mit einem Giftattentat gegen Papst Leo X. in Verbindung gebracht wird.

Bei Tischgesprächen läßt Jakob einfließen, es sei ihm ohne weiteres möglich, von heute auf morgen eine halbe Million Gulden Bargeld aufzubringen. Er signalisiert damit Karl, daß er bei dem Wahlpoker auf seine Unterstützung rechnen kann. Aber nach der Abreise des Kardinals kommt vorerst aus Spanien kein Gegensignal, daß man dort verstanden hat.

Karl ist der Sohn Philipps von Burgund. Der Vater ist 1506 gestorben. Darauf hat man Karl mit 15 Jahren für großjährig erklärt und ihn zum Herzog von Burgund gemacht. Johanna, Karls Mutter, ist die Tochter Isabellas von Kastilien. Johanna wird später »La Loca«, die Wahnsinnige, genannt. Sie scheint gemütskrank gewesen zu sein. Das ist der Anlaß gewesen, daß ihre Mutter Isabella in ihrem Testament ihren Mann Ferdinand, und nicht den Habsburger, Philipp, zum Regenten in Spanien bestimmt hat. Man hat Johanna in Tordesilla in einen Turm hoch über den Duero-Fluß gesperrt, wo sie, streng bewacht, langsam dahinsiecht.

Erzogen hat Karl Maximilians Schwester, die Erzherzogin Margarethe, Statthalterin in den Niederlanden. Sie und sein Lehrer Adrian von Utrecht, der später als Hadrian VI. auf den Heiligen Stuhl gelangt, haben großen Einfluß auf ihn gehabt.

Karl hat die Universitäten Löwen besucht und dort eine gute akademische Ausbildung erhalten.

1516 wird Karl durch den Tod seines Großvaters König von Spanien. Außerdem fallen ihm Sizilien und Neapel zu. Es dauert aber ein Jahr, ehe Karl die Niederlande verlassen kann, um die Regierungsgeschäfte in einem zerstrittenen Land zu übernehmen.

Gleich nach seiner Ankunft in Spanien hat er den Portugiesen Magellan in seinen Dienst genommen, der einen Seeweg nach Ostindien entdecken wird. Fast gleichzeitig sticht ein gewisser Hernando Cortes nach Westen in See. (1520 werden aus dem eroberten Mexiko die Schätze des Montezuma am spanischen Hofe eintreffen.)

Die Propaganda bezeichnet Karl zwar als »junges edles Blut aus altem deutschen Stamm«, tatsächlich aber ist die Großmutter Portugiesin, die Mutter Spanierin, und er ist der deutschen Sprache nicht mächtig und spricht mit Vorliebe französisch. Luther schreibt nach Karls Wahl zum deutschen Kaiser: »Gott hat uns ein junges, edles Blut zum Haupte gegeben und damit viel Herzen zu großer, guter Hoffnung erweckt.«

Solche Sympathien erklären sich daraus, daß der Papst sich zunächst gegen diesen Thronanwärter ausgesprochen hat und jeder Feind des Papstes vielen Deutschen als ein natürlicher Bundesgenosse erscheint.

Empfiehlt die Abneigung Leos X. Karl nicht wenigen Deutschen, so gibt es andere, die gerade angesichts der sich schon abzeichnenden religiösen und sozialen Unruhen meinen, ein »Fremder« werde vielleicht für die deutschen Belange nicht das nötige Verständnis aufbringen.

Um Karls Gesundheit soll es nicht zum besten stehen. Käme er auf den Kaiserthron, so bedeutete dies wahrscheinlich nur eine Art Intermezzo.

Der junge Mann selbst ist nicht ohne Ehrgeiz. Er ist in der französisch-burgundischen Tradition erzogen worden. Man hat ihn gelehrt, daß es sich für einen Herrscher gehört, Abenteuer zu suchen und dabei Ruhm und Ehre zu gewinnen. Er hat einen stark ausgeprägten Machtwillen, ist verschlossen und von großer Energie.

Schon bei seiner Geburt in Gent, am 24. Februar 1500, soll am Tag des Apostels Matthäus seine Großmutter ausgerufen haben: »Er wird der Glückliche sein.« Ein Blick auf seine Geburtsstadt verrät vielleicht noch am meisten über jene Einflüsse, die auf ihn als Kind einwirkten, auf ein Kind, das mit einem Jahr schon Ritter vom Orden des Goldenen Vlies wurde und dem der Vater gleichzeitig das Herzogtum Luxemburg geschenkt hat.

»Die Stadt Gent ist ein hervorragendes Beispiel für die besondere Art städtischen Wachstums, wie es im nördlichen Europa von der Seine bis zum Rhein zu

Beginn der Neuzeit auftritt. In den Kunstschätzen der Kathedrale spiegeln sich der neuerworbene Reichtum der Mittelschicht, den sich diese durch Gewerbe und Handel erworben hat, hochentwickeltes Handwerkertum und das hohe Niveau der Entwicklung im allgemeinen – man denke an das Meisterwerk der Brüder van Eyck, die Anbetung des Lammes, und noch heute kann man auch den stolzen Glockenturm bewundern.

Gent liegt am Zusammenfluß der Leie mit der Schelde und ist deshalb offen für Fluß- wie Meerschiffahrt. Früh wurde es zu einem der bedeutenden Zentren in der Grafschaft Flandern. Gegen Ende des 12. Jahrhunderts hatten sich die Grafen von Gent eine mächtige Festung erbaut, in deren Architektur man Spuren der von den Kreuzfahrern nach Europa gebrachten vororientalischen Einflüsse feststellen kann.

Es kann nicht überraschen, daß Philipp der Schöne und seine Gemahlin Johanna von Spanien sich Gent nach ihrer Heirat 1496 zum Wohnsitz erkoren. Diese Stadt lag im Herzen der höchstentwickelten Kultur im damaligen nördlichen Europa. Man war aufgeschlossen für das Neue.«

Karls Wahlspruch lautet: »Noch höher hinaus!« Zu übersetzen ist das: Karl ist durchdrungen von der Vorstellung, das Ansehen seines Hauses mehren zu müssen. Er hat eine humanistische Bildung erhalten, was nicht heißt, daß er progressiv-modern dächte. Und es sind gewiß auch nicht sein Glaube und seine Gesinnung, die ihn zunächst in Gegnerschaft zu Papst bringen. Es geht dabei um weltlich-politische Dinge.

Seitdem er das Königreich Neapel und Sizilien geerbt hat, ist er eine potentielle Gefahr für den weltlichen Herrn des Kirchenstaates, dessen Südflanke er bedroht.

Der zweite Anwärter auf die Kaiserwürde ist der Vetter Karls, der französische König Franz I. Er ist fünfundzwanzig Jahre alt, witzig, gewandt, Liebling seines Volkes.

Innenpolitisch kommt es unter seiner Regierung zu einer weiteren Festigung des Absolutismus und einer straffen Organisation des Landes von seiner Hauptstadt Paris aus. Franz holt die entmachteten Lehnsherren als Adel an seinen Hof. Er fördert großzügig Künste und Wissenschaften. Er läßt die Schlösser Fontainebleau und Louvre bauen. Er stiftet das Collège de France und zieht bedeutende

Künstler aus Italien nach Frankreich, darunter auch Leonardo da Vinci. Seine außenpolitischen Ziele werden zunächst die Durchsetzung der französischen Erbansprüche in Italien sein. Er muß und wird versuchen, Frankreich aus der Umklammerung durch die den Habsburgern gehörenden Länder zu befreien.

Bei Jakobs Fuggers Entscheidung für diesen oder jenen Kandidaten für die Kaiserwürde haben bestimmt keine persönlichen oder nationalen Vorlieben oder Abneigungen eine Rolle gespielt, wie das manchmal hingestellt worden ist. Er muß seine Wahl nach materiellen Gesichtspunkten treffen.
Wenn Franz I. und das Haus Valois die deutsche Kaiserkrone erringen, kann Fugger all jene Schulden, die das Haus Habsburg bei ihm hat, abschreiben. Allerdings könnte es notwendig werden, unter gewissen Umständen aus dem Lager der Habsburger in das des Franzosen überzuwechseln. Die Kontakte zu Franz I. vollziehen sich vorsichtig, sie laufen über Strohmänner.
Und zunächst sehen die Chancen für Franz I. gar nicht so schlecht aus. Er kann über das Riesenvermögen seiner Mutter verfügen. Er bietet eine halbe Jahreseinnahme seines gut organisierten Königreiches für Bestechungsgelder auf. Fugger schätzt, daß er etwas über zwei Millionen Dukaten auszugeben bereit ist. Der französische König sieht sich schon als Nachfolger Karls des Großen. Franz zieht den in Reichsacht stehenden Herzog Ulrich von Württemberg auf seine Seite. Er besticht den Herzog von Braunschweig, die Herzöge von Geldern und Mecklenburg und verspricht dem Kurfürst Joachim von Brandenburg eine französische Prinzessin mit 300 000 Dukaten Mitgift.
Eine wichtige Rolle bei der Kaiserwahl spielt weiterhin Leo X. Er wünscht sich weder, daß sein Nachbar Karl als Kaiser noch mächtiger wird, noch wäre es ihm sehr recht, wenn sich mit Franz I., dem Mailand gehört, die Franzosen in Italien festsetzten. Also hält er nach einer Alternative Ausschau. Diese bietet sich in dem sächsischen Kurfürsten Friedrich dem Weisen. Das ist der Landesherr Luthers, was den Papst im Vorgehen gegen den Ketzer zu Zurückhaltung veranlaßt.
Doch Friedrich ziert sich, tut sich viel zugute auf seine saubere Weste. Er läßt verbreiten, er sei völlig unbestechlich und habe sogar seinen Räten verboten, Geschenke anzunehmen.

Fugger weiß es besser. Auch an Friedrich den Weisen sind Bestechungsgelder geflossen . . . allerdings ohne den gewünschten Erfolg.

Für eine kurze Zeit, in jenen Tagen nach der Abreise des Kaisers Maximilian vom Reichstag in Augsburg, hat auch Fugger einmal diese Lösung erwogen.

Zu Anfang des Reichstages, Ende August 1518, hat es schon so ausgesehen, als sei alles perfekt. Fugger ist es gelungen, die Erzbischöfe von Mainz und Köln, die Kurfürsten von Brandenburg und von der Pfalz sowie die Delegierten aus Polen und Böhmen mit dem alten Kaiser an einen Tisch zu bringen.

Vereinbart hat man: Ist der Reichstag zu Ende, ziehen Kaiser und Kurfürsten nach Frankfurt, und dort wird auf der Stelle der neue Kaiser gewählt. Das Geld für die »Wählerstimmen« hat Jakob bereits in Gold in versiegelten Leinensäcken nach Frankfurt auf den Weg gebracht.

Und dann kommt aus Spanien die Nachricht, Karl seien Zweifel gekommen, ob er sich mit der Krone des deutschen Reiches belasten solle. Ein taktisches Manöver? Vielleicht hat der junge Herr es sich anders überlegt. Maximilian behauptet zwar, das werde nicht Karls letztes Wort sein, aber zu dem Zug nach Frankfurt kommt es nicht. Statt dessen reist der Kaiser nach Innsbruck – und in den Tod.

Wenn nicht Karl, dann vielleicht Friedrich von Sachsen, hat sich Jakob gesagt. Er hat vorhergesehen, daß der Preis für die Ware »deutscher Kaiser« noch weiter steigen wird. Er hat, zwecks Ausweitung seiner Liquidität, Kontakte mit einem anderen Sachsenherzog, dem aus dem Hause Wettin, dem wohl reichsten deutschen Adligen zu dieser Zeit, wegen einer verzinslichen Einlage aufgenommen.

Das Haus Habsburg schuldet Herzog Georg 200 000 Gulden, und wer anders könnte sie von dort zurückbekommen als Jakob?

Jakob ist zu diesem Zeitpunkt selbst gespannt, für wen er mit dem in Frankfurt eingelagerten Geld die Kaiserkrone schließlich kaufen wird.

Zunächst scheint es immer noch so, als sei gegen Franz I. kein Kraut gewachsen. Auch der Papst entscheidet sich schließlich für diesen Kandidaten.

Franz I. wirft mit Geld nur so um sich. Er schickt ganze Wagenladungen ins Reich. Seine Liquidität beruht auf dem damals in Frankreich schon gut ausgebauten und zentralistisch organisierten Steuersystem.

Auch zum Haus Fugger sucht Franz I. Kontakte, und zwar über das Haus Medici und die Außenstelle der Firma Fugger in Rom, in der in diesen Monaten Anton Fugger dem von Gicht geplagten alten Zink die Zügel aus der Hand nimmt. Schon überlegt Fugger, ob er nicht doch noch das Lager wechseln soll. Da hört er aus Italien, daß Franz I. sich darum bemüht hat, bei der Republik Genua ein Darlehen von 8000 Skudi aufzunehmen. Also hat er kein Geld mehr!

Jetzt lehnt Jakob ein Angebot des französischen Königs, Wechsel im Werte von 300 000 Gulden zu übernehmen, glatt ab. Dabei könnte er daran 10 Prozent verdienen. Als Armstorffer bei ihm vorspricht, um die Wechsel der Welser und Florentiner bei ihm zu hinterlegen, spielt er den Gekränkten. Ob denn der junge Herr Karl im fernen Spanien nun endlich wisse, was er will, erkundigt er sich zunächst einmal.

Die Absage nach Augsburg vor dem Tod Maximilians, hört Fugger von dem kaiserlichen Gesandten, sei nur eine Finte gewesen, um gewisse Kreise in Spanien zu beruhigen.

»Verdammt«, murmelt Jakob, »ist er sich darüber im klaren, daß diese Finte uns alle unendlich viel Geld kosten wird?«

Geld bringe er ja mit, erwidert Armstorffer. Die Wechsel!

Karl habe also versucht, die Wahl an den Fuggern vorbei zu kaufen, stellt Jakob fest, und jetzt langten wohl die Goldstücke nicht, wie?

Armstorffer entschuldigt das Vorgehen des spanischen Hofes damit, daß dort die Welser und Genuesen als wichtige Banken bekannt seien, nicht aber die Fugger, die ja nicht einmal eine Niederlassung in Spanien hätten.

»Sie werden uns kennenlernen«, versichert ihm Jakob. Dann eröffnet er dem Unterhändler Karls, daß der Preis für die Wahl inzwischen auf 500 000 Gulden geklettert ist.

Der Herr von Armstorffer kann tatsächlich nur über 350 000 Gulden verfügen. Er hat auch keinen Auftrag, sich zusätzlich Geld von den Fuggern zu leihen, um weiter mitpokern zu können.

Jakob hat unterdessen seinen Faktor in Antwerpen beauftragt, zu Karl nach Spanien zu reisen und die Lage zu sondieren. Karl kennt Haller aus seiner Studienzeit in den Niederlanden und schätzt ihn.

Im April ist der inoffizielle Preis für die deutsche Kaiserkrone auf 720 000

Gulden gestiegen. Ende Mai schwenken der Brandenburger und mehrere kleinere deutsche Fürsten ins französische Lager über.

Jetzt wären 850 000 Gulden nötig, um die Anhänger des Franzosen umzustimmen. Da endlich wird Jakobs Unterhändler bei Karl vorgelassen. Der junge Herr läßt sich überzeugen, daß keiner außer den Fuggern ihm die deutsche Kaiserkrone beschaffen kann, daß er zunächst vor die falsche Schmiede gegangen ist. Ach, wenn man doch die hohen Herren nicht immer erst zu ihrem Glück zwingen müßte, denkt Jakob.

Aber nun ist sein Ehrgeiz gekitzelt. Jetzt will er zeigen, was er kann. Er verstärkt seine Aktivitäten in den Städten. Über seine Kontakte zum Schwäbischen Bund läßt er den Vertretern der wohlhabenden Bürger klarmachen, daß ein an ein straffes Zentralsystem gewöhnter Franzose ihnen gewiß weniger Rechte lassen werde als Karl, der sich vorwiegend in Spanien aufhalten wird.

Der Schwäbische Bund, ein Zusammenschluß von süddeutschen Städten, bei dem Fugger hinter den Kulissen die Fäden zieht, spielt bei der Ausschaltung des französischen Königs eine entscheidende Rolle.

Der Schwäbische Bund ist zunächst vor allem deswegen entstanden, weil im süddeutschen Raum die Zersplitterung der staatlichen Gewalten besonders groß ist. Kleine Fürsten und die patrizische Oberschicht der Städte sind in ihm vereinigt. Hervorgegangen ist er aus einer seit 1392 bestehenden Rittergesellschaft. Später haben die Habsburger, die dem Bund auch angehören, versucht, ihn zur Eindämmung der Macht des Herzogtums Bayern und der Unabhängigkeitsbestrebungen der Schweiz zu benutzen.

Die Mitgliedschaft der Städte im Bund ist den Fürsten durchaus willkommen. Sie können zu Geldauflagen für die Anwerbung von Söldnern herangezogen werden. Andererseits hält die fürstliche Führung des Bundes häufig ihre Pläne und Vorhaben vor den Vertretern der Städte geheim.

Herzog Ulrich von Württemberg hat, kaum daß ihn die Nachricht vom Tod Maximilians erreichte, die Stadt Reutlingen überfallen. Der Schwäbische Bund hat ihm Paroli geboten. Ulrich hat mit den Franzosen paktiert. Nun kann Jakob durch seine Agenten den Satz ausstreuen lassen: »Schwaben muß deutsch bleiben!«

Mit Fuggerschem Geld wirbt der geschickt taktierende niederländische Hofrat von Zevenberghen Herzog Ulrich die schweizerischen Landsknechte ab und unterstellt sie den tüchtigen Söldnerführern Georg Frundsberg und Franz von Säckingen.

Letzterer hat zuvor allerdings auch schon einmal im Dienst des französischen Königs gestanden: Wessen Geld ich nehm, dessen Lied ich sing!

Das Heer des Schwäbischen Bundes vertreibt Ulrich. Später überläßt der Schwäbische Bund gegen eine Erstattung der Unkosten für den Kriegszug in Höhe von 210 000 Gulden das Land Württemberg den Räten der Habsburger, die es für Karl und Ferdinand erwerben und damit dem Haus der beiden Brüder ein Übergewicht im Südwesten Deutschlands verschaffen. Langsam hat sich das Blatt gewendet.

Die Tagsatzung, die wichtigste politische Körperschaft der damaligen Schweiz, erklärt am 1. 4. 1519, man werde einen französischen König als deutschen Kaiser nicht dulden. Auch hier hat Fugger nachgeholfen.

Vorübergehend kommt der englische König Heinrich VIII. als Kaiser-Kandidat mit ins Spiel. Dessen Kontakte sind über die Gualterottis in Florenz gelaufen. In Vorgesprächen wird aber rasch klar, daß er bei der Wahl selbst keine einzige Stimme bekommen würde. Also zieht er sich zurück.

Solche Erfahrungen aber empfehlen Heinrich die Fugger als das potenteste Bankhaus in Mittel- und Nordeuropa. Und dies wiederum wird Auswirkungen darauf haben, welche Firma der König in England begünstigt.

Acht Tage vor dem Wahltermin stehen die Aussichten des Habsburgers Karl bedeutend günstiger als die des Franzosen. Da greift noch einmal Papst Leo X. ein.

Er läßt Friedrich dem Weisen die Nachricht übermitteln, selbst wenn dieser nur zwei Kurfürstenstimmen erhalte, sei er bereit, ihn als deutschen König anzuerkennen. Und der Papst bietet ihm für einen Freund ein Erzbistum an. (Manche rätseln, ob dieses Angebot vielleicht für Luther bestimmt gewesen sein könnte.) Es ist die Karte, die zu spielen sich Fugger vor einem halben Jahr überlegt hat. Es ist keine gute Karte, jedenfalls nicht jetzt mehr. Friedrich dem Weisen fehlt es an Selbstvertrauen, außerdem ist er krank und ohne Hausmacht.

Vielleicht ist es auch eines der Geheimnisse von Jakobs Erfolg, daß er Risiken immer so weit wie nur irgend möglich auszuschalten trachtet. Unkalkulierbare Ereignisse ergeben sich trotzdem immer noch genug. Damit nicht in letzter Minute doch noch etwas schiefgeht, sorgt Fugger über den Schwäbischen Bund dafür, daß die schweizerischen Söldner in der Nähe von Frankfurt Stellung beziehen.

Richard Friedenthal schreibt: »Im symbolischen Halbdunkel der Kapelle am Frankfurter Dom geht die Wahl schließlich einstimmig vonstatten.«

Eugen Ortner schildert in seinem Buch »Macht und Glück der Fugger« den weniger würdevollen Teil der Zeremonie: »Der kaiserliche Generaleinnehmer Johann Lukas gab die in Frankfurt deponierten Leinensäckchen mit Hunderttausenden von Goldstücken Jakob Fuggers an die Stimmberechtigten aus. Die Kurfürsten selbst erhielten Wechsel. Niemand wurde vergessen, bis hinab zu den Kammerherren und Türstehern der Potentaten.«

Die Empfänger der größten Summen sind bekannt: Kurfürst Friedrich von Sachsen, der ach so Unbestechliche, läßt sich seine Zustimmung mit 70 000 Gulden bezahlen, Mainz erhält 113 000 Gulden, die Kurpfalz gar 184 000 Gulden.

Der Gewählte ist nicht anwesend. Er befindet sich, als die Nachricht zu ihm gelangt, in Barcelona und läßt eine große Festlichkeit veranstalten mit allegorischen Aufzügen und Maskenspielen.

Jakob hat nach dem großen Ereignis seine vier Neffen Ulrich, Hieronymus, Raimund und Anton nach Augsburg zu einer großen Lagebesprechung bestellt: Ulrich kommt aus Tirol, ist verheiratet und hat noch keine Kinder. Hieronymus reist aus Köln an. Raimund leitet die Fugger-Thurzo-Gesellschaft in Preßburg. Anton macht den langen Weg von Rom herauf, wo sich in diesen Jahren die Dienstzeit von Johannes Zink ihrem Ende zuneigt.

»Die Zeiten werden nicht leichter«, sagt Jakob, nachdem er den Neffen dargelegt hat, was die Kaiserwahl das Haus Fugger gekostet hat, »dieser Luther wird keine Ruhe geben. Es gefällt ihm neuerdings, den Zins als Anzeichen dafür hinzustellen, daß bei einer Sache der Teufel seine Finger im Spiel habe . . . und das dumme Volk klatscht Beifall. Demgegenüber steht die Meinung unseres Freundes Eck, der erklärt, Zins sei Ersatz für verlorenen Gewinn. Daß man die

Bankiers ewig verteufele, liege nur daran, daß Geld ein besonder Ding sei, welches die Leute nicht verstünden. Wenn euch darob der Zorn überkommt oder euch die Melancholia anficht, denkt immer daran: Der Kaiser ist Fuggers Schuldner ein Leben lang.«

»Das ist keine schlechte Versicherung für die Firma nach dem, was ich über die Gold- und Silberfunde der Spanier in der Neuen Welt neuerdings gehört«, sagt Anton zuversichtlich.

Jakob hebt beschwichtigend die Hand. Auf Zeichen von Freude und Zufriedenheit reagiert er zunehmend sauer. Er hat inzwischen zu häufig miterlebt, daß das Glück von heute das Unglück von morgen ist. »Nie nachlassen in Aufmerksamkeit und Vorsicht«, mahnt er.

Er weiß, die Jungen, die nun so jung auch nicht mehr sind, hassen solche belehrenden Sentenzen, aber einmal werden sie sich gewiß daran erinnern, wie recht er doch gehabt hat.

»Der Fisch ist an der Angel«, fährt er fort. »Jetzt muß er in den Kahn. Nun werden wir den jungen Herrn aus Spanien erst einmal zur Anerkenntnis seiner Schulden veranlassen.«

Worms

Am 15. Mai 1520 sticht Karl von dem nordspanischen Hafen La Coruña aus in See. Zunächst hatte es so ausgesehen, als würden die Erhebungen der Comuñeros in Kastilien und der Germania in Valencia weiterhin seine Anwesenheit in Spanien notwendig machen.

Aber auch die Krönung in Deutschland ist dringend.

Nach einem Besuch bei Heinrich VIII. von England, mit dem er ein Bündnis gegen Frankreich schließt, landet er mit seiner Begleitung am 1. Juni in Vlissingen in den Niederlanden.

In Antwerpen vertritt Hieronymus Fugger den Onkel beim Empfang des neuen Landesherren. Vom Balkon des Fuggerpalais sieht Albrecht Dürer den jungen Monarchen.

Aus Italien erhält Jakob von Anton die Nachricht, es sei ihm gelungen, den Papst Leo gegen die Franzosen einzunehmen. Der Papst hat ihn zum Ritter des Goldenen Sporn ernannt. Jakob erhält nun den Titel eines Lateranischen Pfalzgrafen.

200 000 Gulden für die Anwerbung von Söldnern hat Anton dem Papst versprechen müssen . . . für den Fall, daß der Kirchenstaat von den Franzosen bedroht werde. Die persönlichen Schulden des Papstes beim Hause Fugger betragen 80 000 Dukaten. Sie werden abgedeckt durch einen kostbaren Ring aus dem Besitz der Medici.

Das hat der Junge gut gemacht.

Jakob steht in der »Goldenen Schreibstube« und liest Briefschaften, Mitteilungen und Memoranden, die ihm die Leiter der Faktoreien, Freunde und seine Agenten zugeschickt haben. Er reist nur noch, wenn es unbedingt notwendig ist. Er fühlt sich den Strapazen vor allem langer Reisen immer weniger gewachsen. Gut, daß es die Neffen gibt. Wenn Jakob über seinen Nachfolger nachdenkt, bleiben seine Gedanken neuerdings immer öfter bei Anton hängen.

In Aachen ist Karl am 22. Oktober 1520 in einer goldenen Kutsche eingefahren. Diener und Herolde haben Geld unter das Volk geworfen. Wie sich das dumme Volk einen Kaiser vorstellt, denkt Jakob, als er den Bericht überfliegt.

Die Wahl Karls V. bringt eine Neuerung, die von nun an bei allen Kaiserwahlen üblich wird: die Wahlkapitulation. Auf Vorschlag des Kurfürsten Friedrich von Sachsen werden mit ihr dem Erwählten bestimmte Bedingungen auferlegt. Er soll von den ihn wählenden Fürsten auf eine bestimmte Politik festgelegt werden.

Jakob liest weiter über die Feierlichkeiten der Krönung im Münster Karls des Großen: »Gelöbnis, Salbung, Einkleidung, Krönung und Inthronisation gingen nach jahrhundertealten sakramentsähnlichen Riten vor sich. Der Gewählte antwortete auf alle Vorhaltungen seiner Pflichten, als da sind: Erhaltung des Glaubens, Schutz der Kirche, gerechte Regierung, Wahrung der Rechte des Kaisertums, Schutz der Witwen und Waisen, Ergebenheit gegen den Papst, laut sein ›Volo – ich will es‹. Er gelobte ferner, nur Deutsche zu Reichs- und Hofämtern zu bestellen, im Dienst die deutsche oder lateinische Sprache zu benützen, Reichstage nur innerhalb der Grenzen des Reiches auszuschreiben, kein fremdes Militär einzuführen, das Reich zu mehren, Verlorenes einzubringen. Er bestieg den Thron des großen Karl, empfing den Ritterschlag, und dann stimmte man das Triumphlied der lateinischen Christenheit an, ›Te Deum laudamus – Großer Gott wir loben Dich‹.«

Das nächste Schriftstück, das Jakob in die Hand nimmt, sind Aufzeichnungen seines Freundes Johannes Eck über diesen Martinus Luther, mit dem Eck 1519 in Leipzig disputiert hat. Dabei hat sich Luther zu der Behauptung verleiten lassen, daß neben dem Papst auch Konzile der Kirche irren könnten. Er hat inzwischen eine ganze Flut von Kampfschriften in Umlauf gebracht, die Eck sehr sorgfältig zu studieren empfiehlt, weil, wie er schreibt, sie sehr weitreichende Wirkung im Reich haben würden.

Als gemeinsamen Nenner der verschiedenen Veröffentlichungen nennt Eck die Forderung nach einer Kirche als Gemeinschaft der Gleichgestellten und Freien. Kein Priester, kein Bischof, kein Erzbischof, kein Kardinal, kein Papst solle als Vermittler der religiösen Wahrheit und der Gnade zwischen Gott und dem einzelnen Menschen stehen.

Eck hat ganz recht, wenn er den Zusammenbruch aller Herrschaft und Ordnung für den Fall vorhersagt, daß sich solche Vorstellungen durchsetzen.

Nun, der Papst hat bereits reagiert. Er hat Luther zum Widerruf von 41 als ketzerisch betrachteten Sätzen aufgefordert. Und was tut dieser störrische Mönch?

Jakob kann es kaum fassen. Luther hat die Bannandrohungsbulle öffentlich verbrannt. Er hat das Papsttum mit dem Antichristen verglichen. Er hat behauptet, die vom Papst beanspruchte weltliche Herrschaft habe die Kirche zugrunde gerichtet. Diese Kirche müsse von Grund auf zerstört und die Herrschaft des Evangeliums wieder aufgerichtet werden.

Nun ist er im Bann, aber dennoch mit freiem Geleit für den 18. April 1521 auf den Reichstag nach Worms geladen.

Nach Worms muß Jakob persönlich. Zu wichtige Dinge stehen da auf dem Spiel. Sein Chefbuchhalter Schwarz begleitet ihn. Mit den Reisenden zieht ein Fähnlein von Landsknechten des Schwäbischen Bundes als Leibwache.

Ein Fugger hat viele Feinde. Und Jakob hat die Vorstellung, es würden von Tag zu Tag mehr.

In der Stadt angekommen, spricht Jakob mit dem Gesandten der Stadt Frankfurt und hört: »Der Mönch macht viel Arbeit: ein Teil möchte ihn ans Kreuz schlagen, und ich fürchte, er wird ihnen schwerlich entrinnen; nur ist zu besorgen, daß er am dritten Tage wiederaufersteht.«

Jakob Fugger hat dieser Ketzerangelegenheit, trotz des Hinweises durch Eck, keine allzu große Bedeutung beigemessen, aber als er in die Stadt kommt, stellt sich heraus, daß von kaum etwas anderem geredet wird als von diesem Martinus. Unter den deutschen Fürsten hat es nicht wenige, die mit ihm sympathisieren. Der Herzog Erich von Braunschweig hat ihm eine silberne Kanne mit Einbeker Bier zur Stärkung schicken lassen. Der Landsknechtshauptmann Georg von Frundsberg hat Luther anerkennend auf die Schultern geklopft.

Nachdem Jakob ein paar Tage in der Stadt ist, hat er sich durch viele Gespräche einen Überblick verschafft und analysiert die Lage:

Der Kaiser und verschiedene hohe deutsche Kirchenfürsten wollen Luther vernichten. Für Karl V. ist der katholische Glaube das einigende Band, das sein Weltreich zusammenhält.

Für Luther treten einige Vertreter der Städte und einzelne Fürsten ein, darunter Luthers Landesherr, Friedrich von Sachsen, und der Landgraf Philipp von Hessen.

Offen bekennen sich die wenigsten zu dem Ketzer. Wo es versteckte Sympathien gibt, ist das Motiv nicht selten die Hoffnung, bei einem Sieg Luthers werde die weltliche Macht der kirchlichen Würdenträger eingeschränkt werden, und man werde sich vielleicht den einen oder anderen Besitz, der der Kirche gehört, aneignen könnnen.

Fugger erfährt aber auch, daß es sogar einige Kirchenfürsten gibt, die insgeheim auf Luthers Seite stehen, weil sich ihr fürstliches Standesbewußtsein gegen ein starkes Abhängigkeitsverhältnis von Rom aufbäumt.

In der Stadt sind Zettel mit Hetzreden gegen Reich, Kaiser und Papst verteilt worden:

»Schlecht schreib ich,
doch einen großen Schaden mein ich.
Mit achttausend Mann kriegen will ich.
Bundschuh, Bundschuh, Bundschuh.«

Auch dieses Zeichen ist ernst zu nehmen: Den um die Knöchel geschnürten Bundschuh, im Gegensatz zum adligen Reiterstiefel, hat jemand schon 1493 als Symbol des kleinen Mannes, als Feldzeichen gegen die Obrigkeit benutzt.

In den drei Bundschuh-Verschwörungen ist der Anführer immer ein Bauer namens Joß Fritz gewesen, der aus Untergrombach bei Bruchsal stammt. Er ist selbst ein Leibeigner des Bischofs von Speyer gewesen. Er ist besiegt worden, konnte immer entkommen, hat die Glut des Widerstands immer wieder anfachen können. Gefordert haben die rebellischen Bauern Aufhebung von Abgaben und Dienstleistungen, Aufteilung der geistlichen Güter, die Beendigung der Leibeigenschaft, wie das in der Schweiz schon geschehen ist, und Wiederherstellung des alten Gemeinbesitzes und seiner Nutzung. Verschwörer, die man gefangen und gefoltert hat, haben ausgesagt, man fühle sich nur noch dem Kaiser und einer reformierten Kirche pflichtig.

Eine andere Losung hieß: »Nichts denn die Gerechtigkeit Gottes!«

Da sieht man den Zusammenhang zu der neuen religiösen Lehre dieses Luther. Adel und Ritterschaft sollen durch die Bauern verjagt werden. Man möge sie totschlagen und niemandem mehr Renten und Gülten geben, hat Joß Fritz gepredigt und aus der Heiligen Schrift bewiesen, daß alle Schulden getilgt werden müßten, wenn die Zinsen die Höhe des Hauptgutes erreicht hätten. Wenn es dahin kommt: Wie sollte einer noch mit Erfolg ein Bankgeschäft treiben?

Wenn es dahin käme: Das wäre praktisch, das möchte manch einem passen. Dann könnte auch der Kaiser seine hohen Schulden bei Fugger mit Hinweis auf gewisse Sätze in der Heiligen Schrift streichen.

Dieser Luther, hat Fugger gehört, trägt sich mit dem Gedanken, demnächst die gesamte Heilige Schrift in deutsche Sprache zu übersetzen. Danach mag sich dann jeder aus ihr bedienen und Sätze daraus deuten, wie es ihm mit seinem beschränkten Verstand gefällt. Da sieht man, wohin die Lehre dieses Mönchs die Menschen treibt. Als ob es nicht schon genug Zwietracht und Aufsässigkeit gäbe im Reich! Nun kommt noch einer und liefert gar noch die Begründung zu Rebellion und Ungehorsam nach der Heiligen Schrift!

Nicht nur Bauern und fahrendes Volk sind an den weitverzweigten Verschwörungen beteiligt gewesen. 1514 sind die Bauernaufstände auch in ganz Württemberg aufgeflammt. Im Remstal hat es begonnen, als die Regierung des Herzogs Ulrich zur Schuldentilgung eine indirekte Steuer auf die wichtigsten Verbrauchsgüter legte. Hier sind die Unruhen von den Bauern auf die städtischen Handwerker übergesprungen.

Der Protest hat sich hier gegen das römische Recht gerichtet, gegen die Ersetzung der Dorfgerichte durch gelehrte und beamtete Richter, gegen die Überführung des von alters her freien Gemeindebesitzes in herrschaftliches Eigentum.

Zwar ist auch dieser Aufruhr nach rigorosem Durchgreifen schnell niedergeworfen worden. Aber nun hört man schon wieder aus dem südlichen Schwarzwald, daß das Bauernvolk »witzig« geworden sei, was sagen will, daß es Gehorsam gegen seine Obrigkeit nicht mehr als selbstverständliche Pflicht betrachtet.

Manchmal, wenn Jakob nachdenkt, wird ihm angst und bange. Es ist, als stehe man auf einer Insel, gegen die eine Springflut stürmt, die mehr und mehr Land abreißt, bis sie eines schönen Tages auch über allen Menschen zusammenschlagen wird.

Er scheucht diese trüben Gedanken fort. Es ist auch ein Stolz in ihm, das alles zu durchschauen und einer der wenigen zu sein, der dagegen etwas zu unternehmen vermag. Seine Macht, die auf Reichtum beruht, scheint ihm immer noch der beste Schutz gegen eine Welt, in der in seinen Augen immer größere Flecken des Chaos sichtbar werden.

Die Stadt ist voll wie ein Ei. Der päpstliche Nuntius hat nur in einer schmutzigen, ungeheizten Dachkammer Unterkunft gefunden. Er ist empört, daß man dem Mönch freies Geleit gewährt hat, und hat heftig dagegen opponiert.

Die politischen Gespräche unter den Fürsten drehen sich um die Frage, wer in Abwesenheit des Kaisers für ihn in Deutschland die Geschäfte führen soll. Die Fürsten wollen eine Art Ständeregierung, bei der die meiste Macht bei den Kurfürsten liegen würde. Der Kaiser denkt an einen Statthalter und bringt für dieses Amt seinen Bruder Ferdinand ins Gespräch. Das empfinden die deutschen Fürsten als »hochbeschwerlich«.

Damit nicht gleich allzu heftige Spannungen entstehen, redet man über ein anderes Thema: über einen Zug nach Rom. Der Kaiser, bisher nur gewählt, will sich dort, wie es die Tradition verlangt, vom Papst bestätigen lassen, und er soll alte Ansprüche der Lehnsoberhoheit in Oberitalien durchsetzen.

Ein solcher Kriegszug wird viel Geld kosten. Die sogenannten Stände, also die Vertreter des Reiches auf dem Reichstag, bewilligen Karl lediglich vier Römermonate, das bedeutet die Kosten für 4000 Reiter und 20 000 Mann Fußvolk für den genannten Zeitraum.

Am 28. April kommt es zu einem Vertrag zwischen Karl V. und seinem Bruder, dem Erzherzog Ferdinand. Die habsburgischen Besitzungen werden zur Versorgung des jüngeren Bruders geteilt. Ferdinand erhält Ober- und Niederösterreich, die Steiermark, Kärten und Krain.

Die Finanzmittel, die Karl aus Spanien schöpfen kann, scheinen, trotz der Gerüchte über Gold- und Silberschätze, die aus der Neuen Welt herüberkommen, nicht sehr bedeutend. Die Männer aus der spanischen Begleitung Karls beschweren sich, wie Jakob erfährt, daß sie auf dem Reichstag nicht einmal standesgemäß gekleidet auftreten können. All dies sind wichtige Informationen für den Kurs, den Jakob Fugger für das noch ausstehende große Gespräch über die Schulden der Habsburger einschlagen wird.

Und dann wird Jakob auch noch Zeuge jener letzten entscheidenden Auseinandersetzung mit dem rebellischen Mönch im Saal des Bischofshofes. Er sieht und hört zu bei der Diskussion über die Irrlehren, die Luther vor dem Kaiser und den Reichsständen widerrufen soll.

Zunächst hat man über seine Schriften diskutiert. Luther ist der bedeutendste und einflußreichste Autor seiner Zeit. Allein zwischen 1517 und 1530 hat er nicht weniger als 30 Schriften verfaßt, die in 370 Drucken mit einer Gesamtauflage von rund 250 000 Exemplaren nachweisbar sind. Nie zuvor hat ein Mensch die Möglichkeit, durch Literatur eine Lehre auszubreiten, so beherrscht wie Luther.

Am 18. April wird Luther nahegelegt, seine Schriften in drei Gruppen aufzuteilen und dann wenigstens einen Teil davon zu widerrufen. Das wäre im Sinn vieler deutscher Fürsten, die Luther für ihre Zwecke einspannen wollen.

Er aber geht auf diesen Vorschlag nur bedingt ein. Zwar teilt er in einer Erklärung seine Schriften in erbauliche, in Kampfschriften gegen den Papst und Streitschriften gegen seine Gegner ein und gibt zu, in letzteren heftiger gewesen zu sein, als sich das für einen Ordensmann schicke, aber einen Widerruf lehnt er ab.

Am Ende geht es wieder einmal um die Frage, ob Konzilien sich irren können. Luther dazu: »Wenn ich nicht durch Zeugnisse aus der Heiligen Schrift und klare Vernunftgründe überzeugt werde – denn weder dem Papst noch den Konzilien allein kann ich glauben, die offenkundig geirrt und sich widersprochen haben –, so bin ich an mein Gewissen und an das Wort Gottes gebunden. Ich kann und will daher nichts widerrufen, weil gegen das Gewissen etwas zu tun weder sicher noch heilsam ist. Gott helfe mir.«

Jakob ist von dieser Rede weniger erstaunt als die meisten anderen im Saal Anwesenden. Er hat diesen Eigensinn, diese Haltung, die man Überheblichkeit oder Glaubensgewißheit nennen kann, zuvor schon einmal erlebt.

Nach Luthers Ausführung tritt Unruhe im Saal ein. Der Kaiser scheint verdrossen. Die ganze Sache dauert ihm schon viel zu lange. Er macht eine Handbewegung, die manche dahin deuten, man solle Luther festsetzen. Mit dem Herold voran, verläßt er dann den Saal.

Es kommt zu einem Tumult: Eine Gruppe schart sich um den Mönch, offenbar um ihn, wenn nötig, mit der Waffe zu verteidigen. Besonders aufgebracht wirken die spanischen Reitknechte des Kaisers. Sie rufen: »Al fuego – auf den Scheiterhaufen mit ihm.«

Luther hebt beruhigend die Hand. Nur keine Aufregung, scheint er sagen zu wollen. Ich vertraue darauf, daß ich freies Geleit habe.

Karl V. richtet schon am nächsten Tag ein eigenhändiges Schreiben in französischer Sprache an die Stände. Er macht darin klar, er sei entschlossen, seine ganze Macht einzusetzen, um die Ketzerei auszurotten. Nachdem er Luther gehört habe, bedauere er seine bisher eher zögernde Haltung in dieser Angelegenheit. Das freie Geleit werde gehalten, aber von nun an wolle er Luther als notorischen Ketzer bekämpfen.

Nun, Luther kommt also davon und verschwindet erst einmal von der Bildfläche. Mit Billigung des Kurfürsten Friedrich wird er auf der Rückreise von Worms von Bewaffneten in der Nähe von Liebenstein in Thüringen überfallen und auf die Wartburg in Sicherheit gebracht . . . was Jakob nicht weiß, trotz seines guten Nachrichten- und Spitzelsystems.

Für 300 Tage bleibt Luther gewissermaßen aus dem Verkehr gezogen. Organisiert haben die »Entführung« die Räte des Kurfürsten von Sachsen, der selbst in die Einzelheiten nicht eingeweiht sein wollte. Immerhin kommt solche Hilfeleistung dem Delikt des Hochverrats gefährlich nahe.

Noch einmal äußert sich Karl V. grundsätzlich zum Fall Luther: »Denn es ist sicher, daß ein einzelner Bruder irrt, wenn er gegen die Meinung der ganzen Christenheit steht – da sonst die Christenheit tausend Jahre und mehr geirrt haben müßte . . .«

Das bedeutet: Die Reichsacht ist gegen Luther verhängt. Der Beurkundungsbefehl wird von Karl am 8. Mai ausgefertigt, aber erst am 25. Mai veröffentlicht. Zu diesem Zeitpunkt haben die meisten Fürsten Worms schon wieder verlassen. Man hat verhindern wollen, daß Unruhe entstand. Haben nicht am Morgen nach dem letzten Gespräch mit Luther vor Kaiser und Ständen 400 Ritter mitgeteilt, sie hätten sich geschworen, den Bruder Martinus nicht im Stich zu lassen? Wer nun seiner, nach Ablauf der Schonfrist des freien Geleits, habhaft werden kann, soll ihn dem Kaiser ausliefern. Die Vernichtung seiner Schriften ist verfügt. Wer sie liest, kauft, druckt oder besitzt, ist geächtet wie Luther selbst.

Endlich wird Jakob mit seinem Chefbuchhalter Schwarz zur Audienz beim Kaiser vorgelassen.

Der Sechzigjährige steht einem Einundzwanzigjährigen gegenüber, der über bedeutende Teile der westlichen Welt gebietet.

Der Kaiser trägt ein mit Goldborte eingefaßtes Hemd unter dem grellroten Umhang. Er hat blaugrüne Augen und ein breites vorgebogenes Kinn. Jakob geht vor dem Kaiser in die Knie.

Der Kaiser hilft ihm wieder auf die Beine, erkundigt sich höflich nach seinem Befinden.

In den Augen Karls ist Jakob ein alter Mann.

Man nimmt an einem langen Tisch Platz. Armstorffer ist dabei. Einige Räte des Kaisers aus Spanien. Die Verhandlungssprache ist lateinisch. Manchmal wird für die Spanier etwas übersetzt.

Der Kaiser selbst, so hat Jakob gehört, spricht am liebsten französisch. Der Austausch von höflichen Phrasen zieht sich eine ganze Weile hin. Mit Genugtuung stellt Jakob fest, daß der Kaiser bei ihm nicht so rasch ungeduldig wird wie bei dem Mönch.

Jakob versucht noch einmal, die Bedeutung seines Bankhauses zu unterstreichen. Auch damit die spanischen Räte lernen, wer und was Fugger ist. Dann kommt man zu nüchternen Zahlen: Die Schulden Karls bei Fugger belaufen sich auf 600 000 Gulden.

»Soviel?« fragt Karl erschrocken.

Jakob hält sich zurück, läßt die Räte erklären: Die Wahlgelder, ein größerer Betrag für den Erwerb Württembergs, eine Transaktion, die die kaiserlichen Räte kühn selbständig vorgenommen haben, Kredite zur Durchführung des Reichstages.

»Was noch nicht berücksichtigt ist«, erinnert Jakob, »wären, mit Verlaub, jene Darlehen, die mein Haus Eurer Majestät Großvater gewährt hat.«

»Ja, auch das«, erwidert der Kaiser, als habe er Zahnweh. »Wie stellt Ihr Euch die Rückzahlung vor?«

Das werden nun zähe Verhandlungen, die sich über drei Stunden hinziehen. Das Anstrengende dabei ist die Höflichkeit, die gewahrt bleiben muß . . . daß man darauf achten muß, wer hier nach außenhin die Macht behalten soll, aber auch nicht vergessen darf, wer sie tatsächlich besitzt.

Man einigt sich auf eine Verschreibung auf die Grafschaft Tirol in Höhe von 450 000 Gulden bei acht Prozent Zinsen. Bleiben die Zinsen aus der zurückliegenden Zeit.

Daß es so etwas gibt, hält der Kaiser gar nicht für möglich. Da darf man nicht aus der Haut fahren, sondern muß ihm ein Kolleg in Geldwirtschaft halten, worüber Karl dann wieder ganz froh zu sein scheint. Die Zinsen werden mit 50 000 Gulden festgesetzt. Das Silber und Kupfer aus Schwaz und die Schmelze in Hall gehen als Sicherheit an Fugger.

»Gibt es eigentlich noch irgend etwas, was dem Kaiser gehört in seinem ganzen Reich?« fragt Karl, mit Ironie seine Betroffenheit tarnend.

»Es sind immer noch 200 000 Gulden abzudecken«, erinnert Jakob kühl.

»Die Hütten von Rattenberg«, bieten die Räte.

»Einverstanden«, stimmt Jakob zu, »jedoch, Majestät . . . Tirol ist schon heute ein armes Land.«

»Ah so . . . nun, die spanische Krone würde . . .«

». . . würde sie einspringen, wenn keine Zahlungen in Tirol erfolgen?« Genau das will Jakob wissen.

»Darüber müßten die Cortes befinden«, erinnert einer der Räte.

»Das Land ist, wie man hört, in Aufruhr, und es ist ungewiß, wann die Cortes zusammentreten«, mischt Schwarz sich ein, der auch am Tisch sitzt.

»Sie gehorchen dem König von Spanien«, sagt Karl auf französisch.

»Ich hoffe sehr, Majestät . . .«

»Zudem: Habt Ihr noch nicht davon gehört, daß man in der Neuen Welt große Funde an Gold und Silber gemacht hat?«

»Man muß sie über ein weites Meer transportieren«, meint Jakob skeptisch.

»Ein Feld für wagemutige Kaufleute, die immer meiner Gunst gewiß sein können.«

Die schwierige Sitzung ist immer noch nicht durchgestanden, denn nach so vielen Zugeständnissen an Fugger braucht nun Karl auch selbst noch einen Erfolg: Jakob soll für den Sold der 4000 deutschen Landsknechte aufkommen, die Karl zunächst zur Züchtigung der aufsässigen »comuñeros« (Verteidiger der Privilegien der Städte gegen die Machtansprüche der Krone) mit nach Spanien nehmen will und die er später nach Oberitalien gegen die Franzosen schicken wird. Jakob stimmt zu.

Als das Gespräch zu Ende ist, gratuliert ihm sein Begleiter zu seinem Erfolg. Der strenge Matthäus Schwarz, den er als Stachel in seinem Fleisch schätzt, scheint ganz zufrieden. »Mehr war schwerlich herauszuholen, wenn man nicht alles aufs Spiel setzen wollte«, meint sein Begleiter, als Jakob ihn ermuntert, ihm ganz offen seine Meinung zu sagen.

»Und ich«, antwortet Jakob, »werde die Vorstellung nicht mehr los, daß nun nicht länger der Kaiser von uns, sondern wir vom Wohl und Wehe des Kaisers abhängig sind. Wir haben zuviel geborgt, Schwarz.«

»Ihr habt es zugelassen, Herr«, erwidert der Chefbuchhalter kühl und hebt die Schultern.

»Wußte ich doch, daß Ihr wiederum nicht völlig mit mir zufrieden seid«, sagt Jakob, »aber ich bin es mit Euch auch nicht. Was macht eigentlich Euer Lehrbuch für Buchhaltung?«

Was ihm sonst noch auf der Zunge liegt, spricht Jakob nicht aus, weil er es selbst noch nicht ganz glauben will. Und doch weiß er, daß es mit diesem Satz seine Richtigkeit hat:

Nichts ist erfolgloser als Erfolg.

Wieder Ärger mit dem Monopol

Die Stadt Lübeck, mächtigste Stadt der Hanse, steht seit geraumer Zeit schon mit dem Hause Fugger auf Kriegsfuß. Die Gründe sind einigermaßen kompliziert: Lübeck trägt einen Machtkampf mit dem dänischen König Christian aus. Die Fugger lassen für den Umschlag von Kupfererz nicht unerhebliche Gelder in Danzig. Um es sich mit dem Haus Fugger nicht zu verderben, hat die Stadt Danzig Lübeck die Waffenbrüderschaft gegen Dänemark aufgekündigt.

Zudem: In Breslau, Stettin, Frankfurt an der Oder und Danzig gibt es nun Faktoreien der Fugger. Es steht zu befürchten, daß sehr bald die Firma Fugger den Lübeckschen Kaufleuten den gewinnträchtigen Handel im Baltikum und in Rußland abjagen wird. Es könnte auch sein, daß die Fugger ihre Hände demnächst auch nach dem schwedischen Erz ausstrecken werden.

Seit es zwischen dem Haus Fugger und Lübeck Konflikte gegeben hat, benutzen die Fugger diesen Hafen nicht mehr als Stapelplatz. Die Fugger verderben den Lübeckern das Geschäft in London, Brügge und Nowgorod.

Im Gegenschlag tut sich Lübeck mit der Stadt Köln zusammen und verklagt die oberdeutschen Handelshäuser beim Reichskammergericht wegen Errichtung eines geschäftsschädigenden Monopols. Die Anklage wird durch den Reichsherold öffentlich angeschlagen. Das kann zu einer Verunsicherung der Geschäftspartner führen. Also muß man sich mit ihr auseinandersetzen.

Man hat ein Gutachten bei dem schon wiederholt in dieser Frage bemühten Humanisten Konrad Peutinger bestellt. Schon 1507 hat dieser ein Gutachten zur Monopolfrage geliefert. Darin ist zum ersten Mal in der europäischen Wirtschaftsgeschichte der Wettbewerb als gottgewollt und nur dem Prinzip von Angebot und Nachfrage unterworfen bezeichnet worden.

Der erste Teil der Anklageschrift des Reichskammergerichts enthält eher unerhebliche Beschuldigungen wie die der Verteuerung von Gewürzen, des Vermischens von Gewürzen und des Herbeiführens von Preisschwankungen.

Da kann Peutinger darauf verweisen, daß die Preise für Pfeffer, Muskat und Ingwer in Lissabon gemacht würden.

Unangenehmer, vor allem für Fugger, ist der Vorwurf, einen Preisanstieg bei Metallen verursacht zu haben.

Peutingers Entgegnung: »Der Erzhandel ist ein ganz besonderes Geschäft . . . mit dem mit Spezerei nicht zu vergleichen. Wer kennt die Kunst, ein Bergwerk anzulegen? Wer schätzt die Kosten seines Unterhalts? Wer weiß von den Mühen, die edlen Metalle zu fördern? Wer kennt die Schrecken der Grundwasser, der schlagenden Wetter, des Lebendigbegrabenseins? Wenn aber Klage geht, das Gold- und Silbergeld im Reich werde immer schlechter, so hat das nichts mit dem Erzhandel zu tun. Da ist eine allgemeine Münzhoheit nötig, und die Stadt Augsburg wird mit ihrer neuen Münze ein Beispiel geben.«

Und zu der Klage, die Großen seien der Tod der Kleinen: »Der Große braucht den Kleinen, der Kleine kann als Helfer den Großen Kredit erwerben und seinerseits zu Reichtum und Ehren gelangen. Ist doch der Handel aus fremden Landen und wiederum dahin nur den Großen möglich wegen der Entfernungen und der bedeutenden Mittel. Nimmt man den deutschen Großkaufleuten den Handel, so kommt er bald in fremde Hände und nimmt Wege, die nicht mehr durchs Reich führen.«

Mit anderen Worten, der Anwalt der Monopolisten spielt die Risikomelodie und ist sich – angesichts einer entsprechenden Stimmung im Reich – auch nicht zu schade, nationalistische Töne anzuschlagen.

Der interessanteste Punkt:

Die norddeutschen Städte fordern eine Begrenzung des Grundkapitals bei den Handelsgesellschaften auf 50 000 Gulden und wollen auf diesem Weg Monopole verhindert wissen.

Peutinger verteidigt in seiner Entgegnung gleich das gesamte System der kapitalistischen Wirtschaft gegenüber dem einer Planwirtschaft. Er verweist auf die Situation in Polen: Dort hat der Staat 1500 Höchstpreise eingeführt. Die Waren sind knapp geworden, zum Schluß ist das Wirtschaftsleben ganz zusammengebrochen. Um den Handel wieder in Gang zu bringen, hat man zu Maßnahmen greifen müssen, die eine Verdreifachung der Preise mit sich gebracht haben.

Und schließlich zum Monopolvorwurf überhaupt: »Die größten Monopole der Christenheit haben der Papst und die Könige; der Papst das berühmte Alaunmonopol, die Könige die Bergwerks-, Quecksilber- und Zollmonopole.«

Aber Peutinger ist trotz seiner Batterie an Gegenargumenten leider ziemlich sicher, daß die Großkaufleute in einem Prozeß vor dem Reichskammergericht unterliegen werden: »Es handelt sich . . . um einen politischen Prozeß der niederen Stände gegen die höheren, und dies Motiv verquickt sich mit dem Kampf nationaler Beschränkungen gegen internationale Verpflichtungen . . .«

Die öffentliche Meinung ist gegen die Reichsstädte, gegen den Kaiser. Sie verbrämt ihre Interessen durch die neuen religiösen Lehren. Hat nicht dieser Martin Luther eine Streitschrift »Großer Sermon vom Wucher« verfaßt? Werden darin nicht jene, die Geld- und Zinsgeschäfte machen, als die Urheber der allgemeinen Wirtschaftsmisere hingestellt!

Er schreibt darin auch, er könne nicht begreifen, »wie man mit 100 Gulden mag des Jahres erwerben 20, ja ein Gulden den anderen (macht) und das alles nicht aus der Erden oder von dem Vieh.«

Hat Luther dazu aufgefordert, man müsse »wirklich dem Fugger und dergleichen Gesellschaft einen Zaum ins Maul legen«, so hat jener Ulrich von Hutten – Jakob erinnert sich an ihn vom Reichstag in Augsburg – nun gar unter dem Titel »Die Räuber« einen satirischen Dialog verfaßt, in dem die Großkaufleute als »beutegierige Verbrecher« dargestellt werden, »die Deutschland ausplündern, mit ihrem Gold die Sitten verderben, seriöse Geschäftsleute ruinieren, die Preise hochtreiben, die Kirche korrumpieren und an der Not des Volkes die größte Schuld tragen.«

»Sagt nur auch gleich noch das andere«, wirft Jakob ein. »Er schreibt auch, ich solle besser ans Kreuz als zum Ritter geschlagen werden. Uns alle aber nennt er ›Fürsten der Kurtisanen‹, also der käufliche Weiber. Nein, ihr Herren, solange solche Äußerungen unbestraft hingehen, ja unter der Mehrzahl Beifall finden, können wir tatsächlich kein gerechtes Urteil vor dem Reichskammergericht erwarten.«

140

Die Kaufleute tun, was später Großkaufleute immer getan haben: Sie versuchen, die Mächtigen auf ihre Seite zu bringen: Im Mai 1521 geben sie zunächst für den Bruder des Kaisers, Ferdinand, der nun doch mit der Führung der Geschäfte in Deutschland während Karls Abwesenheit beauftragt worden ist, ein großartiges Essen. Dabei will es der Zufall, daß Jakob in ein längeres Gespräch mit Ferdinands Finanzberater, Gabriel von Salamanca-Ortenburg, gerät. Zwar wird Ferdinand von seinen Räten in Innsbruck vor dem Hause Fugger gewarnt, aber die letzte Durchschlagskraft als Argument hat doch wieder das liebe Geld. Ferdinand weiß, daß er ohne Fugger, wie er selbst sagt, »bald kein Einkommen mehr« haben würde. So stellt sich auch hier bald die alte Abhängigkeit her.

Aber der Monopolvorwurf ist damit noch nicht vom Tisch. Der Prozeß vor dem Reichskammergericht schleppt sich hin.

Das Thema ist 1522 wieder aktuell, und zwar durch einen spektakulären Fall, der die Macht und die Rücksichtslosigkeit der Großkaufleute vor aller Welt klarmacht: Der Augsburger Großkaufmann Bartholomäus Rehm überfällt den Warentransport seines Konkurrenten Ambrosius Höchstetter.

Wegen dieses Deliktes wird er in Worms verhaftet. Er besticht die Wächter, entkommt, wird aber bald darauf abermals festgesetzt. Die Augsburger Kaufmannschaft läßt ausstreuen, Rehm sei geistesgestört. Es stellt sich aber bei den Verhandlungen über die Monopolfrage vor dem Reichstag auch heraus, daß Rehm sein Vermögen innerhalb weniger Jahre von 800 auf 33 000 Gulden hat vermehren können.

Andererseits überliefert die Augsburger Stadtchronik Anschuldigungen gegen Ambrosius Höchstetter wegen »Zukaufs«. Damit ist gemeint, er hat Waren verschiedenster Art zu überhöhten Preisen aufgekauft. Die Preise sind so hochgetrieben worden, daß er damit alle Konkurrenten aus dem Feld geschlagen hat. Kaum hat er sich auf diese Weise das Marktmonopol an den betreffenden Waren gesichert, setzt er die Verkaufspreise ebenfalls sehr hoch an und erzielt dann enorme Gewinne.

Der Trick ist im Prinzip derselbe, den Fuggers Faktor bei der Errichtung des Kupfermonopols angewendet hat.

Zwar hatte schon der Reichstag des Jahres 1512 ein striktes Monopolverbot

ausgesprochen. Er untersagte Einzelkaufleuten und Gesellschaften unter Andro-
hung schwerster Strafen jede Form des »Fürkaufs«, praktisch aber war dieses
Gesetz bisher wirkungslos geblieben, da die für die Strafverfolgung zuständigen
Behörden nicht daran dachten, gegen die Großkaufleute vorzugehen.

Jakob ist nicht nach Nürnberg gereist. Er läßt sich durch seinen Neffen Raimund vertreten.

Da der Kaiser wieder einmal Geld braucht, läßt sich das für die Fugger und ihre
Mitangeklagten peinliche Thema vorerst noch einmal auf die übliche Weise aus
der Welt schaffen.

Die ohnmächtige Wut der Ritter, der einfachen Bürger, der »Systemkritiker«
entlädt sich in Spottversen wie diesem, der dem Buch als Motto vorangestellt ist:

»Wer den Salamanca finge
und Jakob Fugger hinge,
zerbräch der großen Hansen List.
So würde Ferdinand größer, denn er ist.«

Der Handel zwischen den Wirtschaftsführern und der hohen Obrigkeit sieht
zunächst so aus: Die Kaufleute übernehmen die Kosten für Ausrüstung und
Verpflegung eines 4000-Mann-Heeres, das der Kaiser gegen die Türken aufbie-
ten will.

Aber 1523 gibt es erneut Schwierigkeiten. Diesmal lädt der Reichsfiskal die
Großkaufleute Fugger, Welser, Höchstetter, Herwart, Grader und Rehm persönlich vor. Die Vorladung hängt in Augsburg öffentlich aus.

Das geht zu weit, findet Jakob, zumal der Kaiser auch die in Worms getroffenen
Abmachungen über die Schuldentilgung nicht eingehalten hat. Er schreibt einen
geharnischten Brief an Karl V. Einen Brief, wie ihn wohl kein Bürger zuvor oder
danach einem Kaiser geschrieben hat:

»Ew. Kais. Majestät werden ohne Zweifel wissen, wie ich und meine Vettern
bisher dem Haus Österreich zu dessen Nutzen und Wohlfahrt in aller Unterta-
nigkeit zu dienen geneigt sind. Deshalb haben wir uns auch mit dem verstorbenen Kaiser Maximilian, Ew. Kais. Majestät Ahnherrn, eingelassen und uns –

Seiner Majestät zu untertänigem Gefallen – verpflichtet, für Ew. Kais. Majestät die römische Krone zu erlangen, weil eine ganze Anzahl von Fürsten ihr Zutrauen auf mich und sonst niemand setzen wollten. Wir haben dann den von Ew. Kais. Majestät eingesetzten Kommissaren, um den genannten Zweck zu erreichen, eine beachtliche Summe Geldes vorgestreckt. Diese Summe habe ich nicht allein bei mir und meinen Vettern aufgebracht, sondern auch bei andern mir gut gesinnten Herren und Freunden, und zwar mit großen Nachteilen, damit das Vorhaben Ew. Kais. Majestät nur ja in Erfüllung ginge . . .«

Eine Vorhaltung nennt man so etwas. Und der Brief endet: »Demnach ist meine untertänige Bitte an Ew. Kais. Majestät, Sie möge meine untertänigen Dienste, die Ew. Kais. Majestät zu hohem Nutzen gediehen sind, gnädig bedenken und . . . veranlassen, daß mir meine ausstehende Summe Geld samt der Zinsen ohne längeren Verzug entrichtet und bezahlt wird . . .«

Der Verwicklungen sind noch viele. Aber wieder einmal zeigt sich, daß Geld doch die Welt zu regieren scheint: Der Monopolprozeß wird niedergeschlagen. Die Beklagten tragen die Prozeßkosten, ohne auch nur mit der Wimper zu zucken.

Vierhundert Jahre später wird sich herausstellen, daß, während die Monopolfrage in Nürnberg öffentlich auf dem Reichstag verhandelt worden ist, Geheimgespräche zwischen Ulrich Fugger dem Jüngeren und dem Beauftragten des Kaisers, Jean Hannart, stattgefunden haben.

Wieder einmal möchte man singen: ». . . ist das nöt'ge Geld vorhanden, wird am Ende alles gut.«

Gegen Entrichtung von 18 000 Gulden – das sind die Kosten für das Verfahren und die jährlichen Kosten des sogenannten »Reichsregiments«, also der Verwaltung von Deutschland, – wird das beim Reichskammergericht anhängige Verfahren eingestellt.

Wohl rein zufällig erhält der wichtigste Finanzberater Karls, Gabriel Salamanca-Ortenburg, im Juli 1523 die österreichische Herrschaft Ehrenberg und 1000 Mark in Silber zur Hochzeit verehrt.

Der Kaiser rettet sich aus seiner Finanzmisere durch einen weiteren unerhörten

Coup. Er hat seinem alten Lehrer aus den Jahren in den Niederlanden dazu verholfen, nach dem Tod von Leo als Hadrian auf den Heiligen Stuhl zu gelangen. Nun überträgt Hadrian dem Kaiser die Großmeisterschaft dreier spanischer Ritterorden.

Das klingt nach billigen Ehren. Eine Vorstellung, die man sofort revidiert, wenn man weiß, daß auf den Besitzungen dieser Orden die größten Quecksilbervorkommen Europas liegen. Der letzte Pächter hat an der Quecksilberproduktion in drei Jahren 1 770 000 Maradevis (1 Maradevi = 1 Pfennig, 1 Gulden = 240 Pfennig) verdient.

Nun verpachtet der Kaiser die Gruben an das Haus Fugger auf drei Jahre für 400 000 Dukaten. Davon muß die Firma aber nur 200 000 Dukaten an den Kaiser zahlen. Der Rest wird von der Wahlschuld abgezogen. Und Fugger holt durch seine Leute in drei Jahren Quecksilber im Wert von 2 200 000 Maradevi aus den Bergwerken.

Was Wunder, daß der Kaiser, der seinen Kopf nur aus der Schlinge ziehen kann, indem er Fugger ein Monopol übereignet, sich gegen die vom Reichskammergericht vorgeschlagene Monopolgesetzgebung ausgesprochen hat.

Schmerzen an Leib und Seele

Schwierigkeiten in Ungarn

Jakob ist nun Mitte sechzig. Er ist häufig krank. Seine Gesichtsfarbe ist tabakgelb geworden. In seinen Augen liegt ein Anflug von lehmigen Gelb. Er leidet an einer Geschwulst »eine Handbreit unter dem Nabel«, die die Ärzte nicht zu operieren wagen. Er hat Schmerzen, von denen er nicht spricht.

Er ist alt und gebrechlich. Das läßt sich tarnen, verstecken, durch Willenskraft überspielen. Aber er spürt auch seine Kräfte schwinden. Er möchte die Führung der Firma aus der Hand geben, aber immer wieder geschieht irgend etwas, von dem er sich einbildet, nur er allein könne das zuverlässig erledigen. Also macht er weiter.

Sybille und er haben sich mehr und mehr entfremdet. Er hat erleben müssen, daß seine eigene Ehefrau in eine Kirche läuft, in der ein lutherischer Pfaffe predigt. Er kann und will nicht mit ihr darüber streiten.

Die Lehre dieses Mönchs ist weiter auf dem Vormarsch. Und sie macht die Menschen aufsässig.

Nicht einmal hier in Augsburg ist es Jakob gelungen, zu verhindern, daß sie mehr und mehr Einfluß gewinnt. Ein Pater aus dem Barfüßerkloster sympathisiert mit der neuen Lehre und predigt sie ganz offen.

Jakob spricht mit dem Abt, bittet diesen darum, den Mann kaltzustellen. Die Abberufung des Predigers erregt Aufsehen und stößt auf heftigen Widerspruch. Es kommt zu einer Demonstration von fast 2000 Menschen. Ein einflußreicher Bürger erscheint auf dem Rathaus und verlangt, der Mönch müsse bleiben.

Jakob meint, nicht nachgeben zu können. Geld regiert doch die Welt . . . oder? Die Demonstrationen nehmen an Heftigkeit zu. Es werden Steine gegen die Fenster von Jakobs Haus am Weinmarkt geschleudert. In der Nacht, als die Demonstranten heimgehen, um sich auszuschlafen, verläßt er mit einer Kutsche

die Stadt. Er reist nach Schloß Biberach. Dort ist er in Sicherheit. Er wartet ab. Er setzt durch, daß die Stadtväter endlich energisch gegen die Demonstranten vorgehen, die Rädelsführer festnehmen und einem von ihnen den Kopf abschlagen lassen. Danach tritt wieder Ruhe in Augsburg ein.

Er kehrt in die Stadt, die er als seine Stadt betrachtet, zurück. Unterwegs rufen Kinder seiner Kutsche nach: »Fuggerer, Fuggerer!« Das heißt soviel wie Halunke und Betrüger.

Ein Halunke und Betrüger – er, der den Armen und Alten der Stadt Augsburg ein ganzes Stadtviertel stiftet? Für gerecht hat er die Welt nie gehalten.

Das Wort »Fuggerer« in der Bedeutung von »Betrüger« haben dieser Luther und jener Ulrich von Hutten in Umlauf gebracht.

Da hat es diese Ritter gegeben, den Sickingen und den Hutten, die einen Privatkrieg im Namen der Gerechtigkeit gegen Bischöfe und Handelsstädte geführt haben. Diesen Sickingen, der auf seine Weise versucht hat, die Reichsreform durchzusetzen und der nach dem Fall der Feste Landstuhl seinen schweren Verletzungen erlegen ist, hat Hutten als die Geißel Gottes gefeiert, der die Fürsten für die Unterdrückung des kleinen Mannes strafen werde. Tatsächlich, so haben Jakobs Spione ihm berichtet, habe dieser Sickingen auch bei den Bauern in kaisergleichem Ansehen gestanden. Nun, man ist mit ihm fertig geworden.

Ulrich von Hutten, der sich in die Schweiz geflüchtet hat, stirbt dort an der Syphilis, einer damals noch unheilbaren Krankheit, die erst vor kurzem, wahrscheinlich aus der Neuen Welt eingeschleppt, in Europa aufgetreten ist.

Im Südwesten Deutschlands haben die Bauern den Bundschuh wieder auf die Stange gesteckt. Angefangen hat es damit, daß in der Grafschaft Stühlingen eine Frau Gräfin ihre Leibeigenen mitten in der Erntezeit von den Feldern geholt und zur Schneckensuche in den Wald geschickt hat.

Erst sind die leibeigenen Bauern in den Streik getreten. Dann haben sie in einem ehemaligen Söldner, der lesen und schreiben konnte, einen umsichtigen Anführer gefunden. Es ist zu einer Allianz mit einer Gruppe von Bürgern der Stadt Waldshut gekommen, die sich zur Reformation bekennen.

Es dauert nicht lange, und eine Streitmacht von 6000 Mann durchzieht die

Anton Fugger. Gemälde von Hans Maler, 1525

Umgebung der Stadt. Und wie eine Epidemie breitet sich die Aufsässigkeit aus. Nein, Jakob kann angesichts solcher Zustände das Steuer der Firma nicht aus der Hand geben.

Es macht ihm Mühe, sich auf den Beinen zu halten, manchmal verbringt er auch wieder mehrere Tage im Bett. Dann hat er viel zuviel Zeit nachzudenken, und es entwickelt sich in ihm so etwas wie die Vorstellung von störrischer Pflicht. Wer soll sich all diesen Übeln und Teufeleien entgegenstellen . . . wer hat die Macht dazu, wenn nicht er. Und wenn er den alten Glauben und die alte Ordnung der Dinge verteidigt, ist das eine gottgefällige Tat. Sie wird ihm gutgeschrieben werden. Sie wird seine Zeit im Fegefeuer verkürzen. Nein. Unsinn. Das reden die Ablaßprediger dem dummen Volk ein. Niemand weiß, wie es ist, wenn man tot ist, was dann geschieht. Wenn er Glaube und Ordnung verteidigt, verteidigt er auch die Zukunft der Firma. Ohne Ordnung und Sicherheit kein Handel und Wandel.

Diese Bauern . . . wenn sie wüßten, wie schwierig es »da oben« zugeht, würden sie nicht die hohen Herrn für all ihre Sorgen und Nöte verantwortlich machen.

Jakob ist froh, wenn er wieder aufstehen kann, wenn er wieder Entscheidung um Entscheidung treffen muß, nicht ins Grübeln gerät. Das zaubert Lebendigkeit. Das bestätigt ihm: Noch ist er unentbehrlich.

Die Routinearbeiten erledigt Schwarz zuverlässig. Was seinen Nachfolger angeht, so hat sich Jakob nun für Anton entschieden. Er hat ihn nach Ungarn geschickt. Bei den Verhandlungen dort kann er unter Beweis stellen, ob er sich auch in katastrophalen Situationen durchzusetzen versteht.

Mit Johannes Zink, der zum Sterben aus Rom zurückgekommen ist, hat er auch Scherereien gehabt. Der einst so gerissene Bursche ist trotz aller Pfründen, die er sich in Rom zu verschaffen gewußt hatte, arm wie eine Kirchenmaus, mehr noch: Er hat Schulden auf dem Buckel.

Um sie wenigstens noch im Tod loszuwerden, hat er Jakob an sein Sterbebett gebeten und mit schwacher Stimme, als tue er ihm damit einen großen Gefallen, gesäuselt, er übergebe ihm hiermit Leib und Gut. Dann hat er unter den Strohsack gegriffen, hat einen Schlüssel hervorgeholt und diesen Jakob entgegengestreckt.

Im letzten Augenblick ist Jakob noch klargeworden, was da gespielt wurde.

Hätte er den Schlüssel und damit Zinks Leib und Gut angenommen, so wäre es seine Pflicht gewesen, nicht nur für dessen Begräbnis zu sorgen, sondern auch all seine Schulden zu begleichen.

Trotz Antons umsichtigem Vorgehen hat sich auch in Rom die Lage für das Haus Fugger verschlechtert: Papst Hadrian ist gestorben. Man munkelt auch bei diesem Papst wieder, er sei vergiftet worden. Sein Nachfolger Clemens VII. entzieht dem Haus Fugger im Herbst 1524, trotz eindeutiger Verträge, die an die Firma verpachtete Münze.

Die Preise für Edelmetalle in Venedig fallen. Die Einfuhr großer Mengen aus Übersee beginnt sich bemerkbar zu machen.

Die Fugger haben sich mit ihrem Faktor Haller an der Ausrüstung einer Flotte Karls V. in die Neue Welt beteiligt. Jakob kann sich nicht recht schlüssig werden, ob es etwas einbringen wird, sich in den Handel mit der Neuen Welt hineinzudrängen.

Zwischen Spanien und Portugal schwelt ein Konflikt um die dortigen Einfluß-sphären der beiden Großmächte. Es gibt da eine Demarkationslinie, die die Spanier verletzt haben sollen. Die Portugiesen klagen beim Papst, aber offenbar hat Karl V. die besseren Verbindungen zum Heiligen Stuhl, denn dieser macht den Heiligen Jakobus zum Schutzpatron der Gewürzhändler und Weltumsegler. Er belebt damit die Wallfahrten zum Grab des Heiligen, nach Santiago de Compostela, und dies wiederum wirkt sich vorteilhaft auf den nordspanischen Hafen La Coruña aus, von dem nun in immer stärkerem Maße der Handel nach Nordeuropa abgewickelt wird.

Große Schwierigkeiten gibt es in Ungarn: Raimund und seine Ehefrau, eine geborene Thurzo, haben das Land fluchtartig verlassen müssen. Der Adel rebelliert gegen den König. Ursache ist die schlechte Wirtschaftslage.

Die Fugger gelten immer noch als Fremde. Und diese sind angeblich schuld, daß sich das Geld verschlechtert hat. Durch ihre ständigen Ausfuhren von Kupfer und Silbererz, so wird behauptet, hätten sie das Land ausgesogen.

Auch der König von Polen ist aufgefordert worden, die Fugger auszuweisen. In den Bergwerken wird gestreikt.

Raimunds Haus in Ofen ist vom Pöbel gestürmt worden. Den Plünderern sind größere Kupfer- und Silbervorräte in die Hände gefallen. Wenigstens die

Geschäftsbücher hat man gerettet. Sie sind zuvor nach Polen gebracht worden.
»Höhe des Verlusts?« fragt Jakob den eingeschüchterten Neffen, der nie mehr in
dieses barbarische Land zurück will.

Schwarz liest vor: »Der König schuldet eine halbe Million.«

»Also . . . von wegen das Land aussaugen. Er hat gehofft, auf diese Art und
Weise seine Schulden loszuwerden«, wirft Jakob ein.

»Der Wert der Schmelzen und Bergwerke ist schwer zu schätzen.«

»Weiter.«

»Ungarn ist die wichtigste Quelle unseres Handels mit Kupfer und Silber . . .«

»Ergo . . .?«

»Wir müssen uns wehren . . . unser Eigentum schützen.«

»Und wie, was schlagt Ihr vor, Schwarz?«

»Ich schlage vor, daß ich zusammen mit Herrn Raimund die politische Lage in
Ungarn überdenke und daß wir Euch dann berichten.«

»Gut . . . nur nicht aufgeben. Vor allem nicht aufgeben, wenn es schlecht steht,
merk dir's, Raimund. Kämpfen. Liquidieren kann man eventuell noch, wenn es
gut steht. Wenn es schlecht steht, gibt es nur eines: kämpfen, weitermachen, die
schwache Stelle des Gegners suchen, kämpfen. Was ist dieser Woiwode von
Siebenbürgen für ein Mensch? . . . Für Handsalben empfänglich?«

»Er wirft ja dem König gerade Korruption und Zerrüttung des Finanzwesens
vor . . .«

»Aber Raimund . . . bist du wirklich so naiv? Dieser Zapolya scheint der neue
starke Mann in Ungarn zu sein. Also werden wir ihn uns kaufen. Das ist immer
noch billiger, als unseren ganzen Besitz dort abzuschreiben. Geh, setz dich mit
Schwarz zusammen. Ich bin müde geworden.« Die Schmerzen sind wieder da,
diese verfluchten Schmerzen.

Und dann gibt es andere Schmerzen, die daher rühren, daß er nicht mehr weiß,
warum er das alles noch tut, und ob nicht aller Kampf, alle Anstrengung, alle
Geschicklichkeit, alle Gemeinheit vergeblich sind, weil sich etwas ändert in der
Welt, wogegen man nicht ankann.

Schlagt die Bauern tot!

Über diesen Winter ist er noch gekommen, aber er ahnt es: Einen weiteren Winter wird er nicht überstehen. Das weiß er, auch wenn er zu niemandem davon redet.

Gegen die Ungarn, wo es immer wilder zugeht, hat er die nötigen Maßnahmen eingeleitet. Zunächst ist ein Brief an den Herzog von Sachsen mit der Bitte um Fürsprache bei den Polen abgegangen. Erzherzog Ferdinand ist gebeten worden, politischen Druck auszuüben.

Beim Schwäbischen Bund ist der Oberbefehlshaber Ulrich Artzt, ein Verwandter von Sybille. Auch er soll dem König von Ungarn einen Wink zukommen lassen, daß es töricht sei, sich auf diese Weise mit dem Hause Fugger anzulegen. Vernünftiger wäre es, zusammen Vorkehrungen gegen den gemeinsamen Feind, die Türken, zu treffen, die immer weiter nach Norden vordringen.

Der Herzog von Bayern und der Kurfürst von der Pfalz werden ebenfalls in Ungarn vorstellig.

Der Kaiser interveniert. Aber der Kaiser ist weit. Der Papst empfiehlt die Fugger. Das könnte mehr helfen.

»Wo wir doch überall Freunde haben«, sagt Schwarz mit einem Unterton von Bosheit.

»Teure Freunde«, entgegnet Jakob.

Es kommt noch schlimmer.

Zwar kommen die neuen Pächter, denen der ungarische König die Bergwerke und Schmelzen übergeben hat, mit der Arbeit nicht zurecht, und die Ausbeuten sinken. »Da sieht man's, wir sind unersetzlich«, sagt Jakob mit Genugtuung zu Raimund. »Sie werden zu Kreuze kriechen müssen. Es ist nur eine Frage der Zeit.« Aber dann werden zwei Fuggersche Faktoren zur Unterzeichnung eines Papiers gezwungen, das die Beschlagnahme der Bergwerke und Schmelzen durch das Königshaus für rechtmäßig erklärt. Zurückgeben will König Ludwig das Fuggersche Eigentum nur, wenn die Firma all seine Schulden tilgt und noch 200 000 Gulden Entschädigung an die Krone draufzahlt.

Da kann Jakob, der selten lacht, nur lachen. Hat er nicht gleich zu Anfang gesagt, man müsse die Sache über den Woiwoden spielen?

Zunächst einmal schickt er Johann Zapolya, dem Anführer der Adelsrevolte gegen den König, einen kostbaren Ring und läßt sich zudem noch nach den Wünschen von dessen Frau und Tochter erkundigen. Die Sache in Ungarn kommt trotzdem nicht voran.

Jakob spürt, wie seine Sanduhr ausläuft. Am Schluß scheint der Sand rascher zu rinnen. Dabei sind die Sorgen um die Rückeroberung seines Eigentums in Ungarn nun keineswegs mehr sein Hauptweh.

In seiner nächsten Umgebung geschehen Dinge, die ihm vorkommen wie die ersten Anzeichen des beginnenden Weltuntergangs.

In Oberschwaben hat die Bauernrevolte weiter um sich gegriffen. Das Kloster Kempten hat seit dem 15. Jahrhundert begonnen, zur Festigung seiner Herrschaft gewaltsam die Leibeigenschaft auf alle Untertanen auszudehnen. Die Fürstäbte haben die Bauern gezwungen, Zinser zu werden, und dann haben sie die Zinser zu Leibeigenen gemacht. Von verheirateten Leibeigenen haben sie im Todesfall die Hälfte der Hinterlassenschaft gepreßt, von Ledigen die ganze, von den Zinsern das beste Kleid und das beste Pferd.

Im Mai 1523 haben Bauern in 17 Pfarreien dem neuen Abt Sebastian von Breitenstein die Huldigung verweigert. Anfang 1525 haben die Bauern und Landstädte dem Abt nicht weniger als 400 Rechtsbrüche vorgeworfen.

Zwei Männer, die besonders betroffen sind, Jörg Schmid und Jörg Täuber, rufen Ende Januar eine Versammlung zusammen. Sie wollen nun ihr Recht selbst in die Hand nehmen. Wer sich ihnen anschließt, soll zum Zeichen seines Einverständnisses unter zwei gekreuzten Spießen hindurchgehen. Alle Anwesenden sind dieser Aufforderung gefolgt.

Die Klage gegen den Fürstabt ist dem Schwäbischen Bund zugestellt worden. Der soll entscheiden. Aber beim Schwäbischen Bund liegt auch eine Gegenklage des Abtes vor. Ehe etwas entschieden worden ist, bricht im Februar im gesamten Allgäu der Bauernaufstand los.

In Sonthofen kommt es zu einem Bündnis und Schwur, »das Heilig Evangelium und göttlich Recht« zu verteidigen. Zehn Tage später wird aus dieser Vereinigung der »Allgäuer Bund«. Wer sich da nicht anschließen will, verfällt einem weltlichen Bann. Zum Zeichen des Auschlusses aus der Gemeinschaft wird ein Pfahl vor der Tür des Gebannten eingeschlagen. Der Betreffende verliert jeden

Anteil an den Rechten der Gemeinde. Er darf sein Vieh nicht mehr auf die Allmende treiben, es nicht mehr am Dorfbrunnen tränken.

Am 4. März übernehmen Jörg Schmid und Jörg Täuber als Anführer des Allgäuer Haufens, auch »Christliche Vereinigung« genannt, die Herrschaft im Allgäu. Unterdessen hat sich in den Ortschaften um den Bodensee der »Seehaufen« gebildet. Die Bauern haben zwischen 7000 und 10 000 Mann unter Waffen. Ihre Klage:

»Die seint beschwert mit der Lübaigenschaft, wann sie wellent kain andern Herr haben, dann anlain Gott den Allmächtigen, wann der uns hat erschaffen.« (»Wir leiden unter der Leibeigenschaft und wollen keinen anderen Herrn haben außer Gott, dem Allmächtigen, der uns erschaffen hat als Menschen.«)

Dann gibt es da einen reformatorisch gesinnten Prediger, Christoph Schappeler. Der Mann hat offenbar einen übersteigerten Gerechtigkeitssinn. Deswegen hat er sich in die Händel eingemischt. Schon 1521 verzeichnet das Ratsprotokoll der Freien Reichsstadt Memmingen über ihn, er habe eine »frevlerische Predigt getan, man strafe die Reichen nicht wie die Armen, sofern erstere nur aus der Bürgerzunft seien.«

Jetzt liefert dieser Schappeler den tumben Bauern noch die intellektuelle Rechtfertigung für ihre Aufsässigkeit. In einer Predigt kritisiert er die Obrigkeit: »Es ist ya offenbar vnnd ligt am tag, das bei den heiden nicht so ein vnordentlich Regiment erfunde würdt als bei vns die Christen sich ruemen.« Schappeler behauptet also, die Ursache für alles Übel liege bei denen, die ihre obrigkeitliche Stellung mißbrauchten. Wenn die Obrigkeit die Guten nicht schütze und die Bösen nicht strafe, müsse sie sich nicht wundern, wenn der gemeine Mann das Recht selbst in die Hand nehme.

Schappeler versucht aber, weil er keine Gewalttaten will, mit den Gesandten des Schwäbischen Bundes zu einem Vergleich zu kommen.

Unterdessen schreibt ein bibelfester Kürschnergeselle, Sebastian Lotzer, »Die Zwölf Artikel der Bauernschaft in Schwaben«.

Es gelingt Jakob nicht, ihren Druck in Augsburg zu verhindern. Innerhalb kürzester Zeit wird der Schandfetzen zum Manifest der Bauernbewegung und über ganz Deutschland hin verbreitet, wo nun überall lokale Aufstände ausbrechen: im Odenwald, im Taubertal, um Würzburg, in der Pfalz.

Die Forderungen sind nicht neu, es sind jene, die auch in den Bundschuhaufstän-
den erhoben worden sind. Aber der Tonfall ist jetzt schärfer, schneidender, und
immer taucht die Vorstellung auf, daß die revolutionären Forderungen abgeleitet seien vom »wahren, unverdrehten Worte Gottes«, welches man als die
einzige Richtschnur anerkennen wolle. In einer dieser Schriften, die nach und
nach fast alle auf Jakobs Tisch gelangen – seine Agenten sind da sehr eifrig –, in
der des Miltenberger Steueramtmannes Friedrich Weigandt, findet Jakob seine
Firma ausdrücklich erwähnt. Es heißt da:
»Erbliche Rechte, große Zehnte, Gült, Zinsen und Dienstbarkeit sollen nach
Maß gegeben, kleinere Zehnte, Leibeigenschaft und Ungeld (also die Verbrau-
chersteuer auf Wein, Fleisch, Getreide) abgeschafft werden.
Zolleinnahmen dürfen nur zur Erhaltung von Weg, Steg und Brücke verwendet
werden.
Jagd auf eigenem Grund und das Fischen im fließenden Wasser sind frei.
Handelsgesellschaften und Fuggereien sollen abgetan, Maß und Gewicht in allen
Ländern gleich sein . . .«
Das möchte er sehen, was dann geschähe, wenn es wirklich keine Handelsgesellschaften mehr gäbe. Manch einer würde auf mancherlei verzichten müssen . . .
wohl auch der Steueramtmann aus Miltenberg, der sich den armen Leuten
anzubiedern versucht. Nein, so geht das nicht weiter.
Wenn die Welt aus den Fugen geht, er wird sie wieder dareinrücken, sagt Jakob
zu sich, in den Selbstgesprächen, die er nun immer häufiger führt . . . Da muß
hart, entschieden und ohne Zögern durchgegriffen werden.
Wozu hat man das Instrument des »Schwäbischen Bundes«! Der Bund rüstet das
erste und zweite Drittel der »Eilenden Hilfe« zur Niederschlagung des Bauernaufstandes. Jakob bewilligt fürs erste 10 000 Gulden.
Plötzlich wendet sich nun auch dieser Luther, dem klar geworden zu sein
scheint, was er mit seiner Übersetzung des Neuen Testaments angerichtet hat,
mit einer »Ermahnung zum Frieden« an die Bauernschaft, und als diese nichts
fruchtet, jagt er die Schrift »Wider die räuberischen und mörderischen Rotten
der Bauern« hinterdrein.
Allerdings ist der Titel letzterer Schrift in dieser Form nicht von ihm vorgesehen
gewesen, sondern wird von seinem gewinnsüchtigen Verleger so gewählt.

154

Aber Sätze wie der folgende gehen auf sein Konto: »Solch wunderliche Zeiten sind jetzt, daß ein Fürst den Himmel mit Blutvergießen verdienen kann, besser denn andere mit Beten.« Und auch mit dem Satz aus den Tischreden »Gott ist es selber, wenn die Obrigkeit straft . . .« hat es wohl seine Richtigkeit.

Freilich hat Luther später auch Ermahnungen an die Obrigkeit gerichtet, sie aufgefordert, beim Strafgericht über die Bauern maßzuhalten. »Solche Mahnungen«, schreibt Carlheinz Gräter, »haben auf den Gang der Dinge praktisch nicht mehr eingewirkt. Trost zum Dreinschlagen brauchten die Fürsten, katholische wie lutherische, nicht. Und die Einsicht, daß man mit Köpfen, Hängen und Vierteilen nur die Masse der Steuerzahler schmälere, kam den Herren nach ein paar Wochen von selbst.«

Es ist im 19. Jahrhundert Friedrich Engels gewesen, der den Vorwurf erhoben hat, Luther habe 1525 eine Schwenkung um 180 Grad in seiner Haltung zum bewaffneten Aufstand vollzogen, um die Reformation zu retten. Wahrscheinlich war Luthers Haltung komplizierter. Immerhin gibt es auch in der Schrift »Eine neue Vermahnung an alle Christen, sich zu hüten vor Aufruhr und Empörung« den Satz:

»Ich halte es und will es allezeit halten mit dem Teil, der Aufruhr leidet, wie ungerechte Sache er immer habe und entgegen sein dem Teil, der Aufruhr macht (Ursache für den Aufruhr ist), wie gerechte Sache er immer habe.« Freilich ist auch dieser Satz so formuliert, daß ihn beide Parteien zur Rechtfertigung ihres Tuns in Anspruch nehmen können.

Neben den Programmen der verschiedenen Bauernführer und den Schriften Luthers mögen die Spione und Agenten Jakobs auch ganz andere Blätter auf seinen Tisch in der Goldenen Schreibstube getragen haben. Blätter mit geheimnisvollen Prophezeiungen.

Es ist nicht zu bestreiten, daß eine endzeitlich-apokalyptische Grundstimmung den Ausbruch der Bauernkriege mit gefördert hat. Es hat Menschen gegeben, die in ihm den Beginn des Jüngsten Gerichts und den Anfang des Reiches Gottes auf Erden gesehen haben.

Man kann aber wohl auch so argumentieren, daß die Fülle der in diesen Jahren erscheinenden astrologisch-prophetischen Schriften eben ein Ausdruck der sich verschärfenden Gegensätze zwischen Ober- und Unterschicht, der Unsicherheit der Situation auf der Schwelle zwischen alter und neuer Zeit, altem und neuem Glauben und der wachsenden Unruhe zwischen Stadt und Land gewesen sind.

»Die Practiva über die großen und mannigfaltigen Conjunction der Planeten«, die Hieronymus Höltzel 1523 in Nürnberg druckt, zeigt beispielsweise die ängstlichen Gestalten von Kaiser, Papst, Kardinal und Bischöfen, über denen sich ein schweres Unwetter zusammenzieht, während bei schönstem Wetter Bauern, mit Schlegeln und Spießen bewaffnet, angeführt von einem Greis, mit Sensen und Fahne heranrücken.

Die Vorstellung, daß das Jahr 1525 eine Endzeit sei, daß eine kosmische Katastrophe bevorstehe, findet sich nicht nur bei den Astrologen, die eine Sintflut vorhersagen, der Volksmund selbst prägt das Sprichwort:

»Wer im 1523. Jahre nicht stirbt,

1524 nicht im Wasser verdirbt

und 1525 nicht wird erschlagen,

der mag wohl von Wundern sagen.«

Auch bei Luther finden sich Äußerungen, die auf solche Vorstellungen hindeuten: Alles scheine aus den Fugen, der Teufel habe die »Grundsuppe« angerührt, und das Ende der Zeiten sei näher denn je.

Nun, da dem Doktor vielleicht auch aufgegangen ist, daß er mit seinem Tun und Handeln dem Teufel auch noch Zucker gegeben hat, sieht sich Jakob in seiner Einstellung bestärkt, und wer gegen den Teufel ficht, der sollte wissen, daß man dabei nicht zimperlich sein darf.

Wo gehobelt wird, fallen Späne.

So sagt selbst das Volk.

An Jakob Fuggers Haltung gegenüber den rebellischen Bauern kann es keinen Zweifel geben: Die um Ausgleich bemühten und Verhandlungen anstrebenden Gemäßigten oder jene, die da meinen, ohne Gewalt werde es nicht abgehen, zwischen denen Luther immerhin noch unterscheidet – in Jakobs Augen arbeiten beide Gruppen nur auf ein Ziel hin, das sich für ihn so darstellt:

»Wohl hat man allenthalben mit dem Glauben viel zu schaffen, daß der gemeine

Pöbel gern reich wollte werden und niemand arbeiten. Die Bauern wollten zinsfrei sein.«

Ein enger Verwandter, Ulrich Artzt, in diesem Jahr Bürgermeister und Oberbefehlshaber des Bundes, schickt einen Brief an die dem Schwäbischen Bund angehörenden Städte, in dem er um Mittel zur Anwerbung von mehr und mehr Landsknechten bittet: »Soll und will anders Schimpf, Spott und Nachteil verhütet werden, so bedarf es einer größeren Macht, als man bisher aufgeboten hat. Eine Stunde Verzug ist schon zu lange.«

Warnende Beispiele dafür, daß die Bauern zu allem entschlossen sind und was dabei Leute wie ihm und Männern wie Frauen seines Standes droht, gibt es in diesen Frühjahrsmonaten für Jakob mehr genug.

Das eine steht hier für viele: Noch vor Ostern ziehen Bauern des Neckartaler-Oderwälder Haufens in Richtung Weinsberg. Mit 80 Rittern aus Österreich und Knechten richtet Graf Helfenstein unter ihnen ein Blutbad an.

Die Bauern beratschlagen nach dieser Niederlage in Neckarsulm, was da zu machen sei. Am 16. April 1525, dem Ostermontag, dringen sie mit Landsknechten, die sich zu ihnen geschlagen haben, in die Burg von Weinsberg in der Nähe von Heilbronn ein und nehmen an dem Helfensteiner, dem Schwiegersohn des Kaisers Maximilian, blutige Rache:

»Da machten sie einen Creis und jagten die wolgebornen und Edlen durch die Spies mit iren Knechten, uf vierundzwainzig Person. Der Graff entpott, er wolt inen ein Tunen Gelt geben, sie solten ine leben lassen, aber da half nichts dann sterben. Da dis der Graff sahe, stund er stockstill, bis sie ine erstachen . . . Nach disem allem haben sie das Schloß angezint und verprent.«

Auch Jakob ist Graf!

Die uneheliche Tochter Kaiser Maximilians und ihren kleinen Sohn tötet man nicht: Man reißt der Frau die Kleider vom Leib, wirft sie auf einen Misthaufen und brüllt ihr zu: »In einer goldenen Kutsche bist du gekommen, auf einem Mistwagen verschwindest du wieder.«

Und dann gibt es jenen Thomas Müntzer, einen Pfarrer, der die Reformation ganz und gar politisch versteht und den religiösen wie den sozialen Umsturz fordert: »Das Volk wird frei werden, und Gott wird allein Herr darüber sein.«
Und auch er zielt gegen Männer wie Fugger, wenn er schreibt: »Die ganze Welt

muß einen großen Stoß aushalten; es wird ein solch' Spiel angehen, daß die Gottlosen vom Stuhl gestürzt, die Niedrigen aber erhöht werden.«

Noch auf der Folter wird Müntzer schreien: »Omnia simul comunia. – Das ist: Alle Dinge sollen gemein sein und sollen jedem nach Notdurft ausgeteilt werden nach Gelegenheit.«

Noch einmal: Es kann keinen Zweifel geben, wo Jakob Fugger angesichts dieser apokalyptischen Ereignisse gestanden hat. Jeder Mensch ist von seinen Interessen bestimmt.

Jakob weiß, daß er allein aus seinen Bergbauunternehmen im Jahr 2,5 Millionen Gulden ziehen kann. Eine Bauern- und Handwerkerfamilie, die im gleichen Jahr 100 Gulden verdient, schätzt sich froh und glücklich.

Im März 1525 stehen die Dinge in Süddeutschland auf des Messers Schneide. Niemand kann sagen, ob die bestehende Ordnung die nächsten vier Wochen gekippt werden wird: Rothenburg ist in der Hand der Bauern. Würzburg wird sich zu den Bauern bekennen, der Bischof muß von der Marienfeste fliehen.

Von Müntzer, der in Mitteldeutschland agitiert, schreibt Melanchthon, der Freund Luthers:

»Er ist verdächtigt, daß er über Deutschland hinblitzen und es bewegen will. Nicht wie ein Perikles, sondern wie ein neuer Spartakus. Er ist von vielen Teufeln besessen.«

Bis zum Herbst aber ist dann alles vorbei. Bis zum Herbst sind 100 000 Männer gefallen. Eine halbe Million Frauen, Kinder, Eltern haben ihren Ernährer verloren. Scharenweise ziehen Krüppel, Flüchtlinge, Verbannte übers Land.

Bis zum Herbst haben Gesetz und Ordnung den Sieg davongetragen. Bis zum Herbst hat Albrecht Dürer in einer Zeichenlehre im Kapitel über den Aufbau einer Bildsäule ein merkwürdiges Denkmal skizziert:

»Auf einem Sockel steht die Säule, die sich aus Mostkanne, Milchkrug, Garbe, Dreschflegel, Mistgabel und Hacke zusammensetzt. Zuoberst auf einem Käfig, in dem das Landvolk sein Geflügel zu Markt bringt, hockt, den Kopf auf die rechte Hand gestützt, ein Bauer, dem man ein Schwert in den Rücken gejagt hat.«

Der Sockel der Säule trägt die Inschrift: »Welcher ein Victoria aufrichten wollt, darum, daß er die aufrührerischen Bauern überwunden hat, der möcht sich eins solchen gezeugs darzu gebrauchen, wie ich hernach lehren will.«

Entscheidend für den Zusammenbruch des Bauernaufstandes, der ersten tiefgreifenden Revolution in Deutschland, sind letztlich zwei Ereignisse: Der französische König Franz I. hat am 26. Oktober 1524 Mailand zurückerobert, Papst Clemens VII. sieht sich daraufhin gezwungen, nicht nur mit den Franzosen Frieden zu schließen, sondern mit ihnen ein Bündnis einzugehen. Da erringen am 24. Februar 1525 die deutschen und spanischen Söldner Karls V. einen entscheidenden Sieg über Franz I. Er wird gefangengenommen und nach Spanien gebracht.

Mit der Schlacht von Pavia ist der empfindliche Söldnermangel im Reich behoben. Die Landsknechte kommen über die Alpen zurück.

Jetzt kann der Schwäbische Bund, an den Jakob Fugger zu diesem Zweck zweimal 10 000 Gulden gezahlt hat, noch mehr Soldaten anwerben.

So sind Fuggers Zahlungen die zweite Voraussetzung für die Niederwerfung der Aufstände im Allgäu, in Schwaben und in Franken.

Die Niederwerfung und Bestrafung der aufständischen Bauern ist eines der finstersten und unmenschlichsten Kapitel deutscher Geschichte. Beispielhaft und stellvertretend für die Lawine an Terror und Greueltaten hier ein Dokument aus Kitzingen, die Rechnung des Henkers:

80 enthauptet	
69 denen die Augen ausgestochen	
und die Finger abgeschlagen worden	114 fl 2 Ort
davon abzuziehen	
von Rothenburgern	10 fl
von Ludwig von Hutten empfangen	2 fl
Rest	102 fl 2 Ort
Darzu getan 1 Monat Soldat jeden Monat 8 fl =	16 fl
Facit	118 fl 2 Ort

Augustin Nachrichter, den die Kitzinger den Meister Auweh geheißen.

Die Wege der Strafexpeditionen sind eine blutige Spur. Von so unglaublichen Grausamkeiten liest man in den Chroniken, daß man unweigerlich an den Holocaust unseres Jahrhunderts erinnert wird.

Der schwärzeste Fleck auf der ohnehin nicht allzu sauberen Weste des gern ausschließlich als wagemutiger Bankier und umsichtiger Großkaufmann hingestellten Jakob Fugger ist die Finanzierung dieses Terrors. Diese Tatsache ist den Historikern immer bekannt gewesen. Klar herausgestellt worden ist sie aus naheliegenden Gründen selten. Doch selbst der die düsteren Seiten dieses ersten Großkapitalisten im deutschen Reich eher entschuldigende Familienbiograph der Fugger, Götz von Pölnitz, muß zugeben:

»Wer jemals die Hintergründe der Niederwerfung des Bauernaufstandes untersuchen wollte, würde noch dort auf Fuggers sichtbare oder unsichtbare Spuren stoßen, wo scheinbar weltanschauliche Momente schon überwogen.«

Oh ja, auf solche Spuren stößt man . . . vor allem im süddeutschen Raum. Aber, so fragt man sich bei dem zuvor zitierten Satz, ist sich von Pölnitz nicht darüber im klaren, daß es zwischen der Berufstätigkeit, dem Besitzstand und der Weltanschauung bei einem Menschen enge Zusammenhänge gibt? Ohne etwas zu manipulieren, kann man unterstellen, daß Jakob mehr als einmal gedacht hat: Ja, schlagt die Bauern tot. Daß er zufrieden war, als es geschah. Beruhigt!

Er hat Geld dazu hergegeben, daß es geschehen konnte. Wie dieses Geld sich in Soldaten verwandelte, läßt sich rekonstruieren. Von dem Bürgermeister Artzt lief es zu jenem, wie Günter Ogger ihn charakterisiert, »gerissenen Taktiker und erbarmungslosen Haudegen«, Georg Truchseß von Waldburg, dem »Bauernjörg« . . . der im Süden zunächst gegen 15 000 und 13 000 bewaffnete Bauern steht . . . der sich mit dem Weingartner Vertrag am 17. April 1525 Luft verschafft . . . von Süden nach Franken heraufkommt und dem Bauernheer in der Schlacht bei Königshofen am 2. Juni eine furchtbare Niederlage beibringt . . . der schließlich unter der Marienfeste zu Würzburg das Heer des Schwäbischen Bundes mit dem des Kurfürsten Ludwig von der Pfalz und des Bischofs von Speyer vereinigt, worauf Würzburg fällt und der im Frühjahr aus der Marienfeste geflohene, nun zurückgekehrte Bischof von Franken in der Stadt und den umliegenden kleineren Städten mit einem fürchterlichen Strafgericht beginnt.

In Thüringen und Sachsen besorgt Philipp von Hessen die Niederwerfung des Aufstandes.

Am 5. Mai hat sich der sterbende Friedrich der Weise, den Jakob Fugger sich einmal als Kaiser gewünscht hatte, selbstquälerisch gefragt, ob es wohl Gottes Wille sei, wenn die Fürsten jetzt für ihre Sünden gestraft würden und der Bauer die Herrschaft führe.

Das Ende kommt hier mit der Schlacht von Frankenhausen, an der auch Thomas Müntzer in den Reihen des Bauernheeres teilnimmt. Er wird gefangengenommen, gefoltert und am 27. Mai 1525 hingerichtet.

Auch in Mitteldeutschland, wo die Spuren Fuggerscher Geldanweisungen zur Anwerbung von Landsknechten nicht so offensichtlich sind, wird es Zahlungen dieser Art gegeben haben, da es auch hier Eigentum der Firma zu schützen und den Untergang der herrschenden Ordnung zu verhindern galt.

Die letzte Frage ist: Wie fühlt sich einer, dem es gelungen ist, die Ordnung, die er für die richtige hält, zu bewahren? Empfindet er Genugtuung oder etwa im stillen auch Ekel über den Preis an Blut und Grausamkeit und Tränen, der Jakob Fugger nicht verborgen geblieben sein kann? Das Ausmaß der Rach- und Unterdrückungsaktionen muß sein Nachrichtendienst ihm genau gemeldet haben.

In Tirol folgt auf den Kampf der Bauern ein Kampf der Bergknappen gegen ihre Ausbeuter, ein Kampf, bei dem es, so sieht es die einheimische Bevölkerung, wie in Ungarn zuvor, darum geht, sich von einem Blutsauger ein für allemal zu befreien.

Die Bauern und Bergknappen in Meran haben das auf die knappe Formel gebracht: »Fugger muß verschwinden.«

Auch in Tirol unterliegt der kleine Mann . . . mit einem Blutzoll von 50 000 Menschen.

»Welche Verschwendung an Arbeitskräften!« so könnte Jakob gemurmelt haben, wenn ihm in seinen Angstträumen blutüberströmte Bauern und Bergleute erschienen sind, denen man die Augen ausgestochen hatte.

Als Chronist ist man angesichts des Ausmaßes der Greuel geradezu eifrig darauf bedacht, auf Vorstellungen und Zeugnisse zu stoßen, die zugunsten des moralisch Angeklagten sprechen.

Soweit es die Briefe verraten, denkt Jakob zeit seines Lebens in moralisch-ethischen Fragen bestürzend einseitig. »Das machen nun die neuen Prediger, die da predigen, man solle auf Menschengebot nicht achten. Das haben die Bauern gewollt, haben auf ihre Herren nicht mehr achten wollen . . .«

Man könnte zu seiner Entschuldigung einwenden: Jemand wie Jakob Fugger, der ein Handelsimperium zusammenhalten will, darf in der Wahl seiner Mittel nicht zimperlich sein.

Einverstanden: Aber, wo hört in einem solchen Fall die Zimperlichkeit auf, und wo fängt das Verbrechen an?

Geben wir das letzte Wort in dieser Sache Martin Luther, einem der »neuen Prediger« zwar, einem, wie später immer wieder behauptet wird, eher für Gesetz und Ordnung eingenommenen Menschen dazu, aber unbestreitbar auch jemandem, der vielschichtig denkt und abwägt.

In seiner »Schrift von Kaufhandlung und Wucher«, geschrieben 1524, klingt wenig Sympathie und viel Hohn auf die armen reichen Großkaufleute, die Konzernherren des 16. Jahrhunderts an:

»Nun ist bei den Kaufleuten eine große Klage über die Edelleute oder Räuber (gemeint sind die Raubritter), wie sie mit großer Gefahr müssen handeln und werden dabei gefangen, geschlagen, geschätzt und beraubt. Wenn sie aber solches um der Gerechtigkeit willen litten, so wären freilich die Kaufleut heilige Leute. Wiewohl es sein mag, daß etwa einem durch Gott Unrecht geschehe, bei dem er für andere büßen muß, wenn man ihn unter einer wilden Rotte findet und er mitbezahlt, was andere gesündigt haben. Da sich aber die Kaufleute wie Diebe und Räuber der ganzen Welt gegenüber, aber auch untereinander benehmen, wen wundert es, daß ihnen von Gott solch großes Gut, das sie mit Unrecht gewonnen haben, wieder fortgenommen und geraubt wird und sie selbst dazu über den Kopf geschlagen und gefangen werden. Gott muß so das Recht handhaben, wie er sich als rechter Richter rühmen läßt.«

Eine wilde Rotte also, Sünder, die sich nicht wundern müssen, wenn es sie auch mal hart trifft! Ein Urteil, in dem viel Groll steckt und wenig von christlicher Nächstenliebe und brüderlicher Vergebung zu spüren ist. Luther ist ein scharf beobachtender, kritischer und gewissenhafter Zeitgenosse des Jakob Fugger.

Wer ist mehr zu verurteilen: derjenige, welcher im Krieg gegen rebellierende

Hungerleider einen totschlägt oder jener, der das Schlachtfeld nie betritt, aber das Geld herleiht, damit andere angeworben werden können zum Totschlag und Mord, den man Krieg heißt?

Ach, diese Lebensgeschichte dieses Mannes, der vor rund 500 Jahren geboren wurde, ist auf eine geradezu bestürzende Weise aktuell.

Wenn wir Jakob Fugger verdammen, über wen müßten wir dann heute nicht alles den Stab brechen?

Der Tod kommt zum reichen Mann

Im Dezember 1525 – die Ordnung ist wieder hergestellt auf der Welt – spricht sich herum, daß es mit dem großen Jakob Fugger zu Ende geht. Im Oktober hat er im Kontor einen heftigen Schmerzanfall, wohl eine Gallenkolik, erlitten.

Man hat ihn aus der Goldenen Schreibstube in das Haus am Weinmarkt gebracht. Sein Diener hat ihm einen Brei aus Ei, Safran, Theriak und Senf bereitet. Dazu haben die Ärzte heiße Tücher verschrieben und Milch, unter die man Mohn mischt.

Am 22. Dezember läßt er Raimund, Anton und Hieronymus sein Testament verlesen. Es regelt den Zusammenhalt der Firma, die Verwaltung der dem Haus Fugger gehörenden Güter und der von Jakob gemachten Stiftungen. Der wichtigste Punkt besagt, daß Anton »Hantierungen, Gewerbe, Handlungen und Geschäfte . . . allein, doch mit Rat seines Bruders Raimund und seines Vetters Hieronymus brauchen, verwalten und üben, auch dergleichen tun und lassen, dazu Ordnungen und Maß in dem allen allein und einzig nach seinem Gefallen und Gutdünken vorzunehmen, Macht und Gewalt haben soll . . .«

Also wird Anton sein Nachfolger.

Anton Fugger ist zweiunddreißig. Ein Mann mit einem schmalen, blassen Gesicht und braunen Augen. Seine Geschäftskarriere hat nach einer Bildungsreise durch Deutschland, Italien und Frankreich 1510 in der Nürnberger Faktorei, die von seinem Vater Georg geleitet worden ist, begonnen.

1512 bis 1514 hat Anton in Breslau gearbeitet, also aus unmittelbarer Nähe einen der wichtigsten Geschäftszweige des Hauses kennengelernt: den Kupfer-handel von Ungarn an die Ostseehäfen und von dort aus ins übrige Nordeuropa. 1514 hat er sich als eine Art Wirtschaftsprüfer in Ofen aufgehalten. Er hat sehr genau geprüft und einen Fehlbetrag von 1000 Gulden ausgemacht, was dem damaligen Faktor Konrad Spörlin den Posten kostete. Er ist ab 1517 in Rom gewesen und hat dort am Ende ziemlich selbständig schalten und walten können – mit mehr Selbständigkeit, als es dem alten Onkel lieb gewesen ist. Er hat seit 1524 die Augsburger Zentrale in Südtirol vertreten und ist von einer Reise nach Ungarn an das Sterbelager seines Onkels gerufen worden. In Ungarn hat er mit dem Woiwoden Zapolya und dem König über die immer noch strittigen Fragen verhandelt. (1526 übrigens erhalten schließlich die Fugger all ihre Rechte in Ungarn zurück. Zu spät, um in der Auseinandersetzung zwischen dem ungari-schen König und den ins Land eindringenden Türken bei der Aufrüstung eine Rolle spielen zu können. Am 29. August in der Schlacht von Mohac schlägt Soliman II. den ungarischen König, und dieser fällt in der Schlacht. Das lange währende Duell zwischen König und Fugger hat damit ein Ende. Beide haben verloren.)

Der Tod hat es nicht eilig, den reichen Mann zu holen. Zu Weihnachten kommt der Bruder des Kaisers, Ferdinand, in die Stadt. Als sein Zug das Haus am Weinmarkt passiert, heißt der Fürst seine Trommler und Pfeifer stille sein. Er selbst nimmt sein Barett ab.

Am Christtag zur Vesperzeit zeigt sich über der Liebfrauenkirche ein angeblich schwarzer Regenbogen. Alle, die es sehen, meinen zu wissen, was das zu bedeuten hat.

Aber Jakob lebt . . . lebt weiter.

Er läßt sich die Leidensgeschichte Christi vorlesen.

Am Freitag, 29. Dezember 1525, ist jeder überzeugt, es müsse nun zu Ende gehen.

Nichts da, Jakob überlebt noch diesen Tag.

Er hat große Schmerzen. Er ist bei Bewußtsein.

Gegen drei Uhr in der Nacht fällt er in einen tiefen Schlaf. Als der Vorleser abbricht, schreckt Jakob auf. Er bittet, man möge ihn auf die andere Seite legen.

Eine Magd führt seine Bitte aus.

Er stirbt schwer atmend um die vierte Morgenstunde des 30. Dezembers 1525.

Bis Februar 1526 haben Anton und Schwarz eine Aufstellung zur Finanzlage der Firma erarbeitet. Sie haben festgestellt, daß 1511, nach Jakobs Alleinübernahme, ein Anlagekapital von 196 791 Gulden vorhanden war. Innerhalb der letzten fünfzehn Jahre ist ein Gewinn von zwei Millionen Gulden gemacht worden. Ein Gewinn von 66,6 Prozent in jedem der fünfzehn Jahre.

Jakob Fugger ist tot, es lebe das Haus Fugger!

Schlußstrophe

Erinnern wir uns an den Anfang.

Da ist eine Frage gestellt worden: Hat man sich Jakob Fugger – und nur um ihn geht es in dieser Geschichte, denn das Haus, die Firma Fugger, hat über seinen Tod hin bestanden – als einen glücklichen Menschen vorzustellen?

Macht Reichtum glücklich? Was heißt eigentlich Reichtum? Was bedeuten 66,6 Prozent Gewinn pro Jahr für ein individuelles Leben? Was bedeutet es für jene, auf deren zerschundenen Rücken und knurrenden Mägen der Gewinn beruht? Für einen Mann wie Jakob Fugger bedeutet es gewiß gutes Essen, Bequemlichkeit. Es bedeutet Verfügungsgewalt über wenn nicht alle, so doch die meisten Güter der damaligen Welt. Es bedeutet aber auch die Notwendigkeit, rücksichtslos, ja verbrecherisch zu handeln . . . meist freilich so, daß man dafür nicht zur Rechenschaft gezogen werden kann.

Jedenfalls nicht von einer irdischen Macht. Desto größer wird die Furcht vor der nichtirdischen.

Geld regiert die Welt.

Regiert Geld wirklich die Welt?

Nie bin ich, indem ich den Lebensweg von Jakob Fugger dem Reichen nachgezeichnet habe, das Gefühl ganz losgeworden, daß dieser mächtigste Mann seiner Zeit in gewisser Beziehung ein ganz armer Teufel gewesen ist. Er ist tüchtig, einfallsreich, schlau, fleißig, erfolgreich gewesen. Aber ist man damit glücklich?

Und – um nur diesen einen Aspekt herauszustellen, über den wir wenigstens andeutungsweise etwas wissen: Wen hat er geliebt, von wem ist er geliebt worden?

Jedenfalls nicht von seiner Frau Sybille, die, kaum daß er unter der Erde ist, den Hausfreund heiratet.

Trost in der Frömmigkeit, Trost durch die guten Taten, die Jakob Fugger auch im Laufe seines Lebens getan hat . . . und gewiß nicht zu knapp?

Mir ist es immer vorgekommen, als sei er zu gescheit . . . oder sagen wir vielleicht besser: nicht naiv genug gewesen, um nicht selbst bei allen guten Taten noch Zweifel zu empfinden, ob er tatsächlich das Himmelreich durch sie erwerben werde.

Ein Spruch aus dem Mittelalter lautet: »Ein gutes Sterben ehrt ein ganzes Leben.«

Sein Tod kann nicht leicht gewesen sein. Sein Glaube, an dem er sich so krampfhaft festhielt – der Glaube an einen allmächtigen Gott, Schöpfer Himmels und der Erden, und eine sich von Gott herleitende Ordnung – muß, ob er sich dessen bewußt war oder ob er's nur ahnte, arge Sprünge bekommen haben. Den epikureischen Genuß, wenigstens zu wissen, wenn auch das Wissen nichts bewirkt, wenigstens zu durchschauen, hat er sich nicht geleistet. Das beweisen Briefe aus den letzten Jahren.

Bleibt die Macht . . . aber indem er sie errang, machte er zugleich immer wieder seine Erfahrungen mit den Fragwürdigkeiten von Macht.

Mit Kunst hat er nicht viel im Sinn gehabt. Sie ist ihm gewiß auch keine große Tröstung gewesen.

Die Kunst der Buchhaltung, ein Mittel zur sorgfältigen Registrierung der Fakten – sie hat ihm gefallen. Eine gewisse Genugtuung muß er auch aus der Tatsache gezogen haben, daß er gerissener gewesen ist als so viele . . .

Glücklich . . . ?

Wenn also jemand darauf insistieren sollte, wie ich die Frage beantworte, die ich selbst am Anfang des Buches aufgeworfen habe, müßte ich eingestehen: Ich weiß es nicht!

Ich sehe seine strengen, entschlossenen Augen auf dem Dürerbild, gemalt um 1500, seine zusammengekniffenen Lippen. Ich sehe die merkwürdige Nacktheit dieses Gesichts und die schon vom Alter gezeichnete Haut über dem Rand des weißen Hemdes.

Er scheint Dürer, seinem Zeitgenossen, nicht weniger rätselhaft gewesen zu sein, als er es mir ist, nachdem ich manches über ihn und seine Zeit mehr weiß als zu dem Zeitpunkt, da ich die Arbeiten an diesem Buch begann.

Wenn man mich aber fragen würde, warum ich ein solches Buch schreibe – da wüßte ich eine Antwort: Um wieder einmal zu erfahren, daß der Mensch, man mag noch so viel von ihm wissen, immer ein unerklärliches Wesen bleibt. Genau dies habe ich versucht darzustellen.

Zeittafel

1459: Geburt Jakob Fuggers (später genannt »der Reiche«).
Maximilian I., Sohn Kaiser Friedrichs III., geboren.

1468: Tod Johannes Gutenbergs, Erfinder des Buchdrucks mit beweglichen Lettern.

1469: Tod des Vaters – Nachfolger im Geschäftshaus wird Ulrich Fugger.
Von den sieben Söhnen im Geschäft: Ulrich, Andreas, Hanns, Peter, Georg.
Im Dienste der Kirche: Markus und Jakob
Hanns stirbt mit 16 am Fieber in Venedig (1461)
Andreas stirbt 1469 in Venedig,
ihn ersetzt Georg.
Markus ab 1471 in Rom, stirbt ebendort 1478.

Ferdinand V. von Aragonien heiratet Isabella von Kastilien.

1477: Maximilian I. heiratet Maria von Burgund und gewinnt dadurch die Niederlande für Habsburg.

1478: Eintritt Jakobs in die Kaufmannschaft. Lehrzeit in Venedig.

1479: Rückkehr Jakobs nach Augsburg.

1485: Jakob leitet die Innsbrucker Faktorei. Darlehen an Herzog Sigmund von Tirol.
Botticelli, Giovanni Bellini und Mantegna als Maler in Italien.

1486: Maximilian I. wird zum deutschen König gewählt.

1489: Lukas Fugger tritt in Geschäftsverbindungen mit Maximilian.

1490: Jakob fördert die Abtretung Tirols an Maximilian I. Sturz des Herzogs Sigmund von Tirol.

1491: Einstieg ins ungarische Montangeschäft über Thurzo.

1495: Tauernbergbau. Ewiger Landfriede mit Fehdeverbot wird auf dem Reichstag von Worms verfügt.

1496: Beginn der Investitionen des Fürstbischofs von Meckau bei Fugger. Durch Heirat Philipps des Schönen, Sohn Maximilians I., mit Johanna kommt die spanische Krone an Habsburg.

1498: Bildung des Kupfersyndikats. Jakob heiratet Sybille Artzt.

1499: Reichsacht gegen Löwen: Zusammenbruch des Unternehmens der Fugger vom Reh deutet sich an.

1500: Karl V. (später röm.-deutscher Kaiser) geboren. Intensivierung der Arbeit in der römischen Filiale durch Johann Zink.

1501: Johann Zink wird Leiter der Faktorei in Rom.

1504: Lukas Fugger vom Reh flieht aufs Land. Ankauf der Juwelen Herzog Karls des Kühnen durch Jakob.

1505: Luther (geb. 1483) gelobt nach Gewittererlebnis Eintritt ins Kloster.

1507: Fuggerdarlehen zur Krönungsfahrt Maximilians I. nach Italien. Priesterweihe Luthers.

1509: Krise nach dem Tod des Kardinals Melchior von Meckau. Jakob stiftet die St. Anna-Kapelle in Augsburg.

1510: Tod Ulrich Fuggers. Jakob übernimmt endgültig die Leitung des Hauses. Luthers Romreise.

1511: Jakob Fugger wird in den Adelsstand erhoben.

1513: Leo X. aus dem Hause Medici wird Papst. Jakob reist zur Wahl nach Rom.

1514: Jakob wird Reichsgraf. Stiftung der Fuggerei in Augsburg. Fugger gewinnt Einfluß im Ablaßhandel.

1516: Karl wird König von Spanien, Neapel und Sizilien.
Der Kaffee kommt nach Europa.

1518: Reichstag in Augsburg. Streitgespräch zwischen dem päpstlichen Legaten und Luther im Hause Fugger.

1519: Tod Maximilians I. Jakob finanziert die Wahl Karls V. zum deutschen Kaiser.
Der Kakao kommt nach Europa.

1520: Angriffe Luthers gegen Fugger.

1521: Reichstag in Worms. Luther in Acht und Bann. Verhandlung über die Rückzahlung der von Fugger verteilten »Wahlspenden« durch Karl V. Der verläßt Deutschland. Regent in Deutschland wird Ferdinand I. Bibelübersetzung Luthers auf der Wartburg.

1522: Hadrian VI. wird Papst. Reichstag in Nürnberg. Die Fugger und andere Großkaufleute werden als Monopolisten vor dem Reichskammergericht angeklagt.

1523: Ulrich von Hutten stirbt. Clemens VII. Papst. Franz von Sickingen stirbt.

1524: Beginn des Bauernkriegs. Opposition und Streiks gegen Fugger in Ungarn.

1525: Jakob Fugger finanziert das Heer des Schwäbischen Bundes, das entscheidend bei der Niederwerfung des Bauernaufstandes in Süddeutschland mitwirkt. Tod Jakob Fuggers. Nachfolger in der Leitung des Hauses wird sein Neffe Anton.

Ausgewählte Bibliographie

Alvarez, Manuel Fernandez: Karl V. Herrscher eines Weltreiches, München 1980

Ehrenberg, Richard: Das Zeitalter der Fugger. Geldkapital und Creditverkehr im 16. Jahrhundert, 2. Bd., Jena 1912

Diwald, Hellmut: Luther – eine Biographie, Bergisch-Gladbach 1982

Friedenthal, Richard: Luther – Sein Leben und seine Zeit, München 1967

Fuchs, Walther Peter: Das Zeitalter der Reformation. In: Gebhardt, Handbuch der deutschen Geschichte, Band 8, München 1973

Gräter, Carlheinz: Der Bauernkrieg in Franken, Würzburg 1975

Hutten-Müntzer-Luther: Werke in zwei Bänden, Berlin und Weimar 1970

Laube, Adolf / Steinmetz, Max / Vogler, Günter: Illustrierte Geschichte der deutschen frühbürgerlichen Revolution, Berlin 1974

Ogger, Günter: Kauf dir einen Kaiser – Die Geschichte der Fugger, München 1978

Ortner, Eugen: Glück und Macht der Fugger, München 1954

Pölnitz, Götz Freiherr von: Jakob Fugger, Bd. I und II, Tübingen 1949/51

Reinhard, Emil: Jakob Fugger der Reiche aus Augsburg, Berlin

Seelmann, Theo: Jakob Fugger, der König der mittelalterlichen Kaufherren, Stuttgart 1909

Strieder, Jakob: Jakob Fugger der Reiche, Leipzig 1926

Der Autor dankt Achim Hempel für die technische Arbeit an diesem Buch.

ArenaBücher. Das Leben erleben.

Frederik Hetmann
Dermot mit dem roten Haar
Dermot, der Sohn eines Fischers, ist wie jeden Freitag auf dem Weg zum Kloster, um Fische abzuliefern. Doch laute Schreie schrecken ihn aus seiner Träumerei auf. Eine Horde Wikinger ist soeben am Strand gelandet und überfallen das Kloster. Dermot sieht, wie Deirdre entführt wird und findet Anselmus im Kloster erschlagen vor. Er war wohl gerade damit beschäftigt, eine wunderschöne Initiale, ein großes S, zu malen. Gebannt starrt Dermot auf das kleine Kunstwerk. Vor seinen Augen erscheint eine Wendeltreppe, die in die Vergangenheit führt. Dermot eilt hinab und ist plötzlich in der Sage, die Anselmus so oft erzählt hat.
Die Wesen der Anderswelt haben ihn erwählt. Er erhält die Chance, die alte Deirdre-Sage neu zu erleben. Kann er die Geschichte ändern?
184 Seiten. 5 Zeichnungen. Gebunden. Ab 12